「人生100年」老年格差

超高齢社会の生き抜き方

和田秀樹

詩想社
— 新書 —

まえがき◎老年格差を超えて生きる

「人生100年時代」という言葉が、現代の日本社会のキーワードになりつつあります。

2016年に日本語版が出版された『LIFE SHIFT（ライフ・シフト）』という本がベストセラーになり、2017年9月以降政府は「人生100年時代構想会議」を定期的に開催しています。

できるだけ長く現役でいられる社会という意味合いが、両者では強調されていますが、医学、とくに老年医学を無視した形で進められていて（『LIFE SHIFT』の著者はビジネススクールの先生ですし、構想会議については、医者はひとり入っていますが、老年医学は専門ではありません）、それを多くの人が納得している姿に私は多少の危機感を覚えています。

確かに寿命は延び、人々は若返っていますので、働く期間は延びるのでしょうが、平均寿命が90歳、95歳と延びていくということは、その後の、認知症や要介護状態で生きる時間がそれだけ延びるということでもあるのです。

テスト上の統計では、90歳になると認知症は6割、95歳以上で8割に上っています。認知症を予防できるという楽観論はありますが、残念ながら、脳内から認知症の原因とされるアミロイドβを除去するとされるアデュカヌマブがアメリカで認可されましたがまだ高額ですし、日本の厚労省では承認が見送られています。私は以前、亡くなった方の約半数を解剖する高齢者専門の総合病院に勤務していましたが、85歳を過ぎて、脳の中でまったくアルツハイマー型の変化が起こっていない人はいませんでした。つまり認知症になるということが、自然な老化なので、そのような薬ができても、本当にどの程度進行が抑えられるのかにも多少疑問をもっています。何が言いたいかというと、人生100年ブームにみられる老いと闘うという風潮は悪いことではないのですが、それには限界があり、ある時期から老いを受け入れ、老いとともに生きることが必要だということです。

人間は赤ん坊のときは、歩けないし、しゃべれません。人々が病気で死なない世の中になってくると、やはり最期は歩けなくなり、しゃべれなくなるのが自然なのです。

そういう意味で、高齢者をたくさん診てきた立場から人生１００年時代とはどういうものかを考えるのが本書の趣旨です。

ただし、人生の最期に至る過程で大きな個人差があるのも事実です。

子どものころであれば足が速い子と遅い子でタイムは倍も違わないでしょうが、たとえば70歳でフルマラソンを走れる人もいれば、寝たきりの人もいるのが高齢者です。

知的機能も体力も経済力も社会的地位も、ものすごい格差があります。

これを自己責任のように言う人がいますが、情報の欠如と置かれた環境によってつくられたもので、格差を許容するのではなく、いかに緩和できるかを考えるのが私のような高齢者を専門とする者の仕事と思っています。

そのために、なかには過激なこともありますが、私が本心から感じ、考えている情報をまとめてみました。別の角度から人生１００年時代を考えるヒントにしていただければ、著者として幸甚このうえありません。

和田秀樹

「人生100年」老年格差◎目次

まえがき◎老年格差を超えて生きる　3

第1章

人生100年時代とは「健康格差社会」の到来だ

医師がみた本当の人生100年時代　12
若返り現象が終わったのに、なぜ寿命が延びるのか　17
100年時代とは早死にするか、ボケるかの時代　22
ボケて最期を迎えるのは当たり前　26
そんな歳になってまで、本当に働けるのか　29
AIにサポートされながら老化を遅らせる　32

人生100年時代は「健康格差社会」　36
老化を遅らせるためにいちばん大事なもの　39
介護ロボットの導入で、在宅介護現場の虐待はなくなる　42
世代間対立の激化がもたらす高齢者叩き　47
人生100年時代に病院はこう変わる　53
高齢者に対する自殺圧力が社会で高まる怖さ　59

第2章 いまから始める！人生100年時代に備えた生き方

「健康診断」信仰を捨てる　64
中高年になったら心臓ドック、脳ドックを受ける　68
「老い」を2つの時期に分けて考える　71
会社に見切りをつける　75

「偉い人」の言うことを聞かない　78
言うことを聞いていているだけでいい時代は終わった　82
無駄な節制などやめて生きる　86
高齢者がお金を使うことが社会を変える　90
「カネ」より「名誉」の生き方　94
運転免許は絶対返してはいけない　97
情報力が生死を分ける　100
限界を迎える婚姻制度　107
医師の言うことをあまり信用しない　110

第3章
「人生100年ブーム」にだまされてはいけない

社会保障費カットの口実としての「人生100年時代」　114

生産性で人をはかる異様さ　119
マルチなステージで働き続けるという幻想　124
「歳を取っても学び続けろ」という怪しさ　127
若者が世の中をつくるという幻想を捨てる　131
100年時代と蔓延する自己責任論　134
自己責任論を煽るメディアのからくり　138

第4章 100歳まで生き抜くための健康戦略

私たちに必要な身体の老い支度、心の老い支度　144
老化を防ぐ生活～前頭葉を活性化させる方法　152
老化を防ぐ生活～男性ホルモンを活性化させる方法　156
日本社会がつくる「元気のない老人」　159
自分が生涯で払う税金を計算してみる　162
多面的にものごとをみる　167

自分の体験を語る能力を持つ　171
「もの知りな人」より、「面白い人」になる戦略　175
映画監督にみた高齢になっても働くヒント　179
幸せな老いとは何か　183
老親をもつ子の対策　187

構成／雲沢丹山
校正／萩原企画

第1章

人生100年時代とは「健康格差社会」の到来だ

医師がみた
本当の人生100年時代

「人生100年時代」というキーワードを、頻繁に目にするようになりました。医療、健康分野はもちろん、老後のマネー設計、企業の雇用制度に関する議論など、あらゆる場面で使われており、ちょっとしたブームと言ってもいいのでしょう。

人生設計を100歳というスパンで考え、晩年まで働き続けながら、現在の70代、80代よりもさらに若々しく過ごす未来像が提示されることもしばしばです。

こういった未来の姿は、主に医療現場と無縁のビジネススクールの学者たちが唱えるもので、高齢者専門の精神科医を30年以上やってきた私にとっては、臨床経験のない人の机上の空論に思える部分が多々あることも事実です。

確かに平均寿命はこれからも延びていくと思いますが、そこには、別の「人生1

00年時代」があると私は考えています。

そもそも「人生100年時代」という着想は、2000年初頭に生まれた子どもの半数が、2100年初頭まで生きているといった統計データを基にしています。一説によると、現在50歳の人でも、その半数近くが95歳まで生きるといいます。

実際、厚生労働省の簡易生命表によると、95年前に生まれた女性の約25%が、平成29年時点で生きて95歳を迎えています。男性においても、25%の人が90歳を迎えることがすでにできています。

こういった寿命データの伸びを見てくると、確かに100年とはいかないまでも、90代半ばまで、半数以上の人々が生きるような時代が、もうすぐそこまで来ていると言ってもいいのでしょう。

私も高齢者医療に携わってきて、30年前の60代、70代と比べ、現在の60代、70代がとても元気で、若々しいことは実感しています。たとえば、1980年当時、65～69歳の人のおよそ10%近くの人が普通に歩くことができませんでしたが、200

0年には正常歩行ができない人の割合は2～3％に激減しています。

いかに昔の60代後半がよぼよぼしていたかということですが、現在は、体力的には10歳くらい若返ったと言ってもいいのでしょう。

日本人の若返りは、主に戦後、栄養状態が画期的によくなってきたことによるものと言えます。

戦前の日本人も、飢え死にしない程度に普通に食事は摂れていましたし、摂取カロリーにおいては、現代よりも多かったくらいなのです。しかし、恐ろしいほどタンパク質を摂っていませんでした。そのため、免疫力が低く、多くの人が結核で命を落としました。戦前は、平均寿命も50歳を超えませんでした。

また、タンパク質の非常に少ない食事をしていると、血管ももろくなります。そのため、昔の日本人は、脳卒中で亡くなる人が多かった。結核で亡くなる人がいなくなると、その後、日本人の死因のトップが脳卒中になるのです。

ところが日本人がしっかり肉を食べ、タンパク質を摂るようになると、脳卒中も激減します。脳卒中が減ったことを、減塩運動が功を奏したと言う人もいますが、私はタンパク質の摂取によるものだと考えています。

昭和20年代、30年代のころの脳卒中では、血圧160くらいで血管が破れることがよくありましたが、現在では160くらいでは破れません。いまの人は、血圧が200近くあってもすぐには脳出血になりませんし、脳出血ではなく、むしろ虚血性脳血管障害、つまり脳梗塞が主流です。血管が破れるというより、詰まるというのが現代の疾病構造です。

タンパク質や脂肪を当たり前のように摂るようになり、栄養状態が改善したことで、これまで命を落としていたような病気を克服し、身体的にも老化を遅らせる結果となってきました。

過度なダイエットをして痩せている人は、同じ年齢の人と比べても異様に老けて見えるものです。たとえば、私はよく講演などで、女優のいしだあゆみさんと泉ピン子さんを比べると、どちらが年上に見えるかみなさんに質問をします。実は、泉ピン子さんのほうが1歳歳上なのですが、しっかりタンパク質、脂肪を摂るほうが若々しくいられるいい例だと思います。

現代は、飽食の時代に対する批判が基本的にありますが、実際は栄養状態がよくなることによって、老人の体力は急速に向上していったのです。

若返り現象が終わったのに、なぜ寿命が延びるのか

『サザエさん』の漫画の連載がスタートしたのは１９４７年ですが、お父さんの磯野波平は、いまの私たちが見ると60代半ばに見えますが、当時の設定では54歳とされています。それくらい当時の50代は老けていましたし、現在の50代は劇的に若々しくなってきたということです。

しかし、ここまで進んできた若返りも、１９６０年くらいに生まれた人で、頭打ちになると私は考えます。その年代で、栄養状態が改善するピークを迎えたと考えるからです。

実際、日本人の平均身長の推移も、戦後、急速に伸びてきたものが、ここ20年ほど横ばいになってきています。明らかに、栄養状態の改善が日本人にいきわたった

とみていいでしょう。栄養状態の改善が老化を遅らせ、日本人の寿命の延びを牽引する時代は終わりを迎えます。

今後も若返りが進み、80代でも、いまの60代のように若々しく働いて、100歳まで生きる時代がくるかもしれないと期待する人もいるかもしれませんが、それは幻想でしかありません。

今後、私たちが、100歳近くまで長生きできるようになるのは、老人が若返るからではありません。「死ななくなる」からです。これまで死に至るようなことのあった病気を医学の進歩によって克服し、私たちがなかなか死ななくなることによって100歳近くまで平均寿命は延びていくと考えられます。

そもそも平均寿命が一気に延びるときとは、ある病気が克服されるときです。たとえば、発展途上国で平均寿命が延びるのは、乳幼児の死亡率が下がったときです。0歳で死ぬようなことが減れば、平均の寿命は一気に延びます。

つまり、相対的に若い人の命を奪う原因が取り除かれると、平均寿命は延びるのです。かつて、結核が克服されたことで、日本人の寿命はおよそ20歳も延びました。

現代医学も、日々、猛烈なスピードで進歩してきています。そう遠くないうちに、がんの治療法も見つかる可能性があります。がんが克服されるだけで、平均寿命が5歳は延びるのではないでしょうか。

これまでの抗がん剤は、毒をもって毒を制するところがあって、がんを殺すかわりにまわりの元気な細胞も殺してしまうので、体力を奪っていくという結果になりました。オプジーボに関しては有効性がもう少し高く、本庶先生がノーベル賞をとりましたが、副作用は思ったより多く、軽いものも合わせると8割の患者さんに副作用が出たようですが、免疫細胞の活性化と特定の細胞を標的化するため、はるかに副作用が少なくなったと言われています。今後、別のタイプの薬が開発され、免疫の活性を上げる治療が確立されてくれれば、がんのかなりの部分が克服されることは、そう遠くはないと私は思います。

また、iPS細胞の研究が進むことも、たいへん期待されます。iPS細胞とは、身体のさまざまな組織、臓器の細胞に分化することができる万能の細胞で、この技術を使えば、老化した臓器を若返らせるような治療が実用化される可能性は十分あります。

すでに眼科の治療で、網膜の再生に実用化されていますが、今後は、たとえば動脈硬化の見つかったところに、この細胞を生着させることで、古くなった血管が、若い血管に再生することなどが可能になるかもしれません。

もしかすると、iPS細胞によって、骨の細胞を再生して、骨粗しょう症の治療をするといったこともできるようになるかもしれない。

パーキンソン病においてもiPS細胞を使った治験がすでに始まっており、こういった状況を考えると、あとはコストをどこまで下げられるかの問題で、近いうちにiPS細胞を使った画期的な治療が一般化していくのでしょう。

これらの医学の進歩によって、さまざまな病気が克服されていくことで、私たちの平均寿命は今後、確実に延びていくと考えられます。

日本人の三大成人病と言われる、がん、心疾患、脳血管疾患の3つは、死因のトップ3ですが、これらが克服されることも夢ではないと私は思います。そうなると、平均寿命は飛躍的に延び、100歳とは言わないまでも、現在すでに女性の平均寿命がおよそ90歳となっている現実から考えても、女性については100歳近くになることは十分あり得ます。男性も90歳くらいまでいくかもしれません。

現在でも、私たちの実感として、がんや心臓病、脳梗塞にかからなかった老人は、80歳を過ぎてもピンピンしているものです。三大成人病を克服したら、そういった人たちがたくさんいる長寿社会がやってくるのは間違いないでしょう。

100年時代とは早死にするか、ボケるかの時代

しかし、さまざまな医療技術の進歩が実現し、iPS細胞の研究が進んで人体のほとんどの臓器を新しく若返らせることができたとしても、最後まで「脳」の老化を止めることだけは、私たちが生きている間は不可能だと思います。

まず、脳というのは、原則的に分裂して新しい細胞をつくらない唯一の臓器になります。肝臓でも腎臓でも肌でも、他のすべての細胞は細胞分裂が起こって、入れ替わっていきますが、脳の神経細胞は、原則、細胞分裂をせず、ずっと同じ細胞を使い続けます。

ですので、iPS細胞を脳にばらまいても、そこで本当に分裂が起こるかわかりませんし、仮に新しい脳神経細胞ができて古いものにとってかわったとしたら、デ

ータの書き込まれていないまっさらの脳になってしまうという問題が今度は出てきます。

新しい脳にこれまであるデータを移行する技術というのは、かなり難しいと考えられているのです。

それを考えると、いくら他の臓器が再生でき、若返らせたとしても、結局は脳の寿命だけは超えられないのです。

もちろん数百年先はどうなるか、わかりません。脳の神経細胞も新しいものに取り換えることができ、データを移行する技術ができないとも限りません。私たちが学習と思っていることも、実際は脳内ではタンパク質が変性するなど、何かしらの変化が起こっているわけで、それをすべて新しい脳に移す技術ができるかもしれない。

しかしそれは、ずっと先のことになるでしょう。まずは、私たちの生きている間の話に絞ってこの本では考えていきましょう。

脳の老化にともなうアルツハイマーについても、多くの人たちがこれまで研究をしてきましたが、いまだに治療法は見えてきていません。

現在、いちばん有力な仮説が、脳の中のアミロイドという物質がたまることによって、アルツハイマーという病気になるというものです。そのアミロイドの蓄積、産生を止める薬を開発すれば、アルツハイマーの根本的治療になるとみられていま す。20年、30年前からそのような薬の治験に入っていますが、動物実験ではいくつかうまくいった例があるようですが、人間にはほとんどうまくいかず、いくつかの会社は撤退したり、実験を中止してしまっています。ようやくアメリカで、アデュカヌマブという薬が認可されましたが、これもいまだに経過観察中で、日本では承認が見送りになるくらいの結果しか出ていません。

このように、脳の老化を止めるということは非常に難しいことなのです。

私が浴風会病院に勤務していたとき、毎週、高齢者の病理解剖の報告会に出ていましたが、85歳以上で、アルツハイマー型認知症の変性が脳にない人はいませんでした。このくらいの歳になれば、みな脳の病理としては重い軽いはあってもアルツハイマーになっていることが普通です。

私が医学部を卒業した昭和60年前後は、アルツハイマーは、かかったら5、6年で死ぬ病気とされていました。しかしいまは、寿命の延びとともに、普通に10年以上は生きます。今後は、もっと長くなることでしょう。

つまり、100年生きる時代とは、極端な言い方をすると、「早死にするか、認知症になるかの時代」と言えます。医療がまだ克服できない病気や、事故などで早くに亡くなる人もいるでしょうが、三大成人病がある程度克服されることで、多くの人が晩年の10~15年以上を認知症とともに生きる時代がやってくるのです。

70代、80代になっても積極的に働こう、活躍しようと考えても、結局は脳の寿命が、そうすることを妨げることになります。

来るべき本当の100年時代に対する戦略としては、脳をなるべく長持ちさせたり、仮に認知症になっても、その進行を遅らせたり、なるべく生活の質を維持していくための方策などが、より重要になってくるのだと思います。

そういった対策についても、この本ではこれから解説していきます。

ボケて最期を迎えるのは当たり前

私もアンチエイジング医療は採り入れていますし、老いと闘うこと自体は悪いこととは思っていません。60代、70代でよぼよぼになってしまうよりも、80歳くらいまでなるべく若々しくいるほうが、クオリティ・オブ・ライフの視点からもいいと思います。老化を遅らせたほうが、体も動きやすいですし、頭もシャキッとしていますから、そのほうが誰でもいいはずです。

しかし、いくら若々しさを保つことができたとしても、完全に老いを食い止めることは現代の医療では不可能です。

パーキンソン病は、脳の神経伝達物質をつくる細胞や、そのレセプターが正常に働かず、脳内のドーパミンが不足して、手が震えたり、体の動きが不自由になり、ひどくなると物を飲み込むことすらできなくなる病気です。

それに対して、脳内のドーパミンを増やす薬が開発され、治療薬として使われています。薬を使って最初のころは一定の効果が出るのですが、次第に病気は進行し、脳内でつくられるドーパミンの量がどんどん減少しますし、肝心の神経細胞が減るので、薬によって補われるドーパミン量では追いつかなくなります。そうして最後は、薬の効果も出なくなってしまうのです。ドーパミンをつくる神経細胞を増やすことができれば根本的な治療になりますが、脳内のドーパミンを増やす薬では本質的な解決にならないのです。

同じように、認知症では脳内のアセチルコリンが不足しますので、「アリセプト」というアセチルコリンを増やす薬が現在、よく使われています。不足しているアセチルコリンが補われると、一過性に症状が改善することもあります。しかしこれも、認知症の本質的な治療薬ではありません。アセチルコリンを増やして、認知症になると脳を使わなくなりがち（これが認知症を進行させます）なのに対して、あたかも働いているかのような脳をつくるだけで、病気の進行を遅らせるだけの効果しかありません。骨粗しょう症の患者の骨量を増やす薬や、動脈硬化の患者に対するコレステロールを下げる薬なども、同じように結局は、根本的治療薬ではありません。それだけ、老化のメカニズムを根本的に止めるということは、本当に難しいことと言えるのです。

そのため、前述したｉＰＳ細胞による治療が一般化することが期待されています。ｉＰＳ細胞の研究が進み実用化すれば、多くの臓器を若返らせることができるでしょう。多くの臓器の老化を抑えることで、１００歳近くまで私たちは生きることができるようになるのだと思います。

しかし、繰り返しますが、脳だけは取り換えがききませんので、基本的にはボケて死ぬことになります。体の病気が減れば減るほど、ボケた状態で最期を迎えるということが一般的になるのでしょう。

認知症も末期になってくると、脳の萎縮も本格的に進み、結局、寝たきりの状態になります。そうして老衰で亡くなるというのが、１００年時代の一般的な亡くなり方になっていくのだと私は思います。

そんな歳になってまで、本当に働けるのか

寿命が１００歳まで延びると、私たちの働き方にも変化がもたらされます。長寿社会によって年金財政が圧迫されることを避けるため、高齢者の雇用延長を促進し、年金支給を遅らせようという政策が進められています。

すでに65歳までの雇用延長は決められていますが、現在、政府は70歳までの雇用延長と、70歳以上からの年金支給開始を検討していると言われています。

日本の年金制度を杜撰《ずさん》に運営してきたツケを、高齢者を働かせることでチャラにしようという政府の姿勢にはたいへん問題があると私は考えていますが、ここではその問題は置いておくことにして、高齢になっても働き続けるということ自体は、高齢者の健康には非常によいことだと言っていいでしょう。

高齢者の就労率が高い県は、平均寿命も長く、一人当たり老人医療費も安くなっています。つまり、高齢になっても働き続ける人の多い県は、老人が元気なのです。

その典型が長野県です。長野県は70歳以上の人の就労率が日本でいちばん高く、厚生労働省が発表する都道府県別の平均寿命も、１９９０年からずっと男性は１位で、２０１０年には男女ともに1位になっています。最新の２０１５年のデータでは、男性は2位になっていますが、女性は1位を維持しています。

身体と脳を使い続けることが、個々の能力が衰えるスピードを抑え、健康を維持することに役に立っているのでしょう。家にこもっているのではなく、他の人と接し、誰かの役に立ったり、誰かに必要とされて社会とのかかわりを持ち続けることは、脳機能の面から見ても、とてもいいことと言えます。

ただ、いくら働くことが長寿にいいと言っても、実際に85歳になっても普通に働けるのかと言われれば、現状では、なかなか厳しいと私は思います。

１００歳時代には、老後の資金を考えても、80代まで働く必要のある社会がやってくると指摘されることもありますが、実現性の乏しい未来像と思えます。

前述の通り、ｉＰＳ細胞でさまざまな臓器が若返ったとしても、脳だけは必ず衰えていきます。85歳であれば、４～５割の人は、認知症になっているはずです。

ＡＩ（人工知能）技術が今後進歩し、認知症の人の就労をサポートするようなことが可能になってくれば、もしかすると80代になってもある程度働けるようになるかもしれません。

実際、認知症と診断される人でも、初期のころは記憶障害はあっても、言語機能や計算機能は保たれていることがほとんどです。ＡＩに補完されながら、働く社会がやってくることも可能性としてはあることでしょう。

ＡＩにサポートされながら老化を遅らせる

１００歳まで人が生きることが普通の社会がやってくると、認知症の人も劇的に増えることになります。

85歳まで生きる人がものすごく増えるはずですが、その人たちの4～5割の人は認知症になっています。すると、日本全体の人口の1割や2割の人が認知症という社会になるかもしれません。

そうして認知症になってから、１００歳までの10～15年ほどを生きることになります。いかに認知症とともに生きるかということも、１００歳時代の重要なテーマとなってくるでしょう。

85歳の人の4～5割が認知症と言いましたが、これはテスト上、認知症と診断されるということであって、記憶障害はあっても、言語機能や計算機能はまだ保たれているような状態の人が大多数です。

ですから認知症ではあってもできること、残存機能を使い続けるということが大切になります。私たちは、認知症になって失われた機能のほうに目を向けがちですが、そうではなく残存機能に注目すべきなのです。

一般的に初期の認知症が、人の話がよくわからなくなったり、本が読めなくなるといった中期になるまでには、5年ほどかかるとされています。ただし、残存機能を使い続け、何らかの計算を続けていたり、仕事をやり続けていたりすると、場合によっては、その5年が10年になったりします。

現状では、認知症の進行を止めようなどというバカなことを考えるより、その進行を少しでも遅らせるために、いまできることをなるべくやめさせないようにすることがいちばん賢明です。

そのためにも、これから期待されるのがAI技術の進歩だと思います。典型的なのが、自動車の自動運転にかかわるAIです。

高齢者の自動車運転が危険であるという指摘が盛んにされますが、もし、ＡＩによる自動運転が可能になれば、高齢者も大手を振って運転することができます。運転をし続け、外に出ることができれば、維持し続けられる機能はたくさんあります。

また、初期の認知症では、何度も同じものを買ってしまうとか、鍋に入っている食べ物をうっかり忘れて腐らせてしまうなどということがありますが、こういった記憶障害はＡＩが冷蔵庫の在庫をチェックし、それがネットでオーダーしたり、買い物に行くスーパーにメッセージを伝えるようになるなどすれば、容易に衰えた機能を補完することができるかもしれません。

こうやってＡＩと共生して、認知症になった残りの10〜15年を生きるという時代がくるのでしょう。

現在もＩＴ技術の進歩は著しく、お金がなくてもスマホで自動決済ができたり、ウーバーのようなタクシーに取って代わるような自動車の配車ウェブサイト、配車アプリが実用化されつつありますが、このようなＩＴの技術革新に対しては、常に高齢者が取り残される傾向にありました。

しかし、ＡＩはＩＴとはまったく違います。使い方のわからない高齢者がいたときも、そこに近づいて行ってわかるように導いてくれたり、通常の行動パターンから相手のニーズを読み取り、それに合わせて動いてくれるのがＡＩです。つまり、これまでのテクノロジーの進歩では、使えない高齢者が割を食うこともありましたが、ＡＩにおいてはそれがほとんどなくなり、ＡＩが学習することで最終的にはそういうことがなくなっていくのです。

ＡＩ技術は高齢者にも使い勝手のいいものとなるはずですし、その技術的進歩の恩恵は高齢者にも広くもたらされるはずです。ただ逆に、あまりにも容易に、高齢者の生活支援が可能となることで、高齢者自身が身体や脳をいままで以上に使わなくなり、老化スピードが加速するのではないかという心配も出てきます。

ただ、ＡＩに助けられながら残存機能を生かし続け、老化や認知症の進行を遅らせる生き方を人々は模索していくようになると私は思います。

人生100年時代は「健康格差社会」

これからやってくる人生100年時代とは、高齢者がマジョリティになる社会です。2060年には、日本国民の約2・5人に1人が65歳以上の高齢者となることが予測されています。

そのため年寄りばかりの単一的な社会がやってくるとイメージする人がいるかもしれませんが、それは誤解です。高齢者の多い社会とは、単一的というよりもむしろ、多様性に満ちたものと言えます。

たとえば普通の公立小学校を例にしても、超優等生と超劣等生の間のIQの幅は、80から120くらいです。50m走をやっても、速い子が6秒、7秒くらい、遅い子でも15秒あれば走れます。若いときには、せいぜいそのくらいの差しかないのです。

しかし、80歳の高齢者を比べたとき、一方は認知症でボケて言葉さえ理解できなかったり、寝たきりの人もいますが、一方では大学教授を続けたり、ノーベル賞を取るくらいしっかりしている人さえいます。運動能力でも普通に走れたり、泳げたりする人もいます。

つまり、高齢になると、身体や脳の能力に個々で大きな差が生じてくるのです。健康格差が激しくなるというのが、これからの社会の特徴でしょう。

若いときであれば、1週間くらい病気で寝込んでいても、治ったあと、すぐ動けるようになります。しかし、高齢になると、ちょっと寝込んだだけで、あっという間に運動能力は衰えてしまうのです。

脳についても同様です。日ごろから使っていれば機能を維持できますが、使わないとボケていきます。

人生100年時代はいまより若返るから、100歳まで生きるようになるのではなく、死ぬ人が減るから、100歳まで生きるようになるのです。

つまり、これまで通りみんな老いていきますから、ちょっとでも歩いたり、動いたりして、頭も身体も日常的に使うように心がけるということが、より重要になってくるのです。

頭を使うにしても、老化を防ぐには、前頭葉を刺激するようなものでなくてはなりません。そのためにどういう生活をしたらいいのか、どう頭を使ったらいいのかということも知っておく必要があるのでしょう。

これからの時代は、そういう努力をしてきた人と、してこなかった人とでは歴然とした差となって表れてくるようになるかもしれません。

高齢者がマジョリティとなる人生１００年の社会は、個々の健康度や、運動能力、若々しさの個人差が大きなものとなる多様性に満ちた社会です。

老化を遅らせるために
いちばん大事なもの

身体と脳の機能維持のためには、使い続けることが大切だとは述べました。しかし、それよりも、大前提として必要なのは、「意欲」を保ち続けることです。老化において、いちばんやっかいなのは、意欲が衰えていくことです。意欲がなくなってくると、何に対してもやる気が湧かず、人にも会いたくないし、家にこもりがちになってきます。

そうするとあっという間に、歩けなくなったり、ボケたようになっていきます。実は、老化の進行においていちばん怖いのは、意欲の減退です。意欲が若いときのようにあれば、病気をしたり、転んでケガをしても、治ったらまた、これまでの生活に復帰していく可能性は高いものです。しかし、意欲が折れてしまったら、なかなか衰えていくスピードを止めることはできません。

つまり、意欲を保つことが、老化を遅らせる大前提になります。意欲レベルの高い人ほど、元気で頭もシャキッとしています。

それでは、どうやってその意欲を維持したらいいのでしょうか。意欲を保つことにいちばん寄与しているのは、前頭葉機能と男性ホルモンの2つです。

前頭葉は想定外のことに対応する部位なので、ルーティンワークだけの生活を続けていると、活性化されず衰えていってしまいます。ここは人の意欲も司っていますので、衰えてくると意欲も減退してしまうのです。

また、男性ホルモンの多い人は意欲的で、人づき合いもおっくうがりません。女性にだけ興味があるということではなく、実は、人づき合い全般に意欲的です。

以前、東日本大震災のあと、高齢者のホルモンの変化を研究したことがありましたが、そのときにわかったのが、女性が歳を取ってくると男性ホルモンが増えてくるということです。

しかも、これまでは女性ホルモンが減ってくるので、相対的に男性ホルモンが増えると考えられていたのですが、実際は、絶対量も増えてくることがわかりました。よく、若いときはシャイなところがあって人づき合いが苦手な女性が、中年以降になってくると、積極的に友人同士で旅行したりすることがありますが、これなども、男性ホルモンが増加してきたからだと解釈することができます。

一方、男性のほうは、男性ホルモンが減少していくものだから、歳を取るにしたがって人づき合いがおっくうになり、奥さんに依存して濡れ落ち葉化するのです。

老化を遅らせるカギは、前頭葉と男性ホルモンにあります。これらを活性化するための対策は、第４章でご紹介します。

介護ロボットの導入で、在宅介護現場の虐待はなくなる

ＡＩ技術の進歩によって、介護の現場でもロボットの導入が加速すると考えられます。これまでのロボットであれば、決められたことにしか対応したり、話したりすることができませんでしたが、ＡＩ技術が進めば、学習機能を持つようになって、本当に人間と接しているようなコミュニケーションが可能になるとされています。

しかも、日々学習をしますから、接する相手の嫌がることは言わなくなりますし、やりません。人間であれば、何度も失言をしたり、苛立たせたりすることもありますが、ＡＩは仮に相手を不愉快にさせるようなことがあっても、以降は二度とやりません。

また、３Ｄプリンターなどの技術がすでに発達してきていますので、人型のロボ

ットも容易につくれるようになるでしょう。表情や微妙な身体の動き、声なども身につけつつありますので、近いうちに、ほとんど人間と区別のつかないロボットができあがることでしょう。

少なくとも、認知症が重くなった高齢者にとっては、介護ロボットが人間にしか見えないような時代がきます。しかもロボットは、人間よりも力がありますし、ケガをさせないような技術を持っている。機嫌が悪いこともありませんし、常に優しく接することが可能です。

こういった介護ロボットの導入によって、少なくともいま起きている介護現場での虐待のようなことはなくなるでしょう。

介護施設などでの虐待が起こると、ニュースなどで大きく取り上げられて注目を集めますが、実際に確率から言えば、施設よりも自宅での身内による介護のほうが暴言なども含めた虐待は多いものです。

その意味でも、在宅で介護を受ける人や、介護をする近親者の双方にとって、介護ロボットは非常にありがたい存在となるはずです。

このようなAIロボットの実用化が10年先、15年先という間近に迫っていることを考えると、なぜ日本政府が、いまになって外国人労働者を受け入れるための法整備を進めるのか、その感覚を疑いたくなります。

AI技術の進歩によって、多くの仕事がAIに代替され、人余りの状況がやってくることが目に見えているのに、外国人労働者の受け入れをこれから拡大しようというのは理屈に合いません。

悲しいことに、日本は常に、欧米の周回遅れを走っているのです。欧米では、かつて人手不足のときに移民を受け入れてきましたが、いまでは高止まりする失業率と、今後のAI技術の導入などを見越して、移民排斥の動きが顕著になってきています。

それなのに、いまごろになって外国人労働者を積極的に受け入れようという日本の政策は、まさに周回遅れに私には見えます。

しかしなぜ、このようなことが起こってしまうのでしょうか。政治家の無能さや、官僚たち政策立案者の問題もあるかもしれませんが、私はそこに日本の学者、つまり東大を頂点とする大学教授たちの怠慢が大きな要因になっていると考えています。

日本の大学教授は、教授になってしまうと、まったく勉強をしなくてもそのまま教授でいられます。そのため、教授になってからまったく勉強をしない人が大多数で、その人たちは、講師や准教授時代に留学したころの知識がいまだに正しいと考えていることが多いのです。

そういう古い考え方の人たちが学会を仕切っていますので、日本のさまざまな制度設計、システムづくりが10年、15年、欧米より遅れることとなるのです。

かつての、ゆとり教育なども典型です。欧米が一足先に導入したゆとり教育的な基礎学力軽視の問題点に気づき、やめようとしているときに、日本ではゆとり教育が導入されました。

こういった時代遅れの考えや政策が、日本では平気で正しいものとして推進され、さまざまな分野で弊害をもたらしているのです。

話をもとに戻しますが、いずれにしても近いうちに、介護の現場はＡＩロボットたちが担うようになるはずです。認知症患者にとっては、こちらに不快なことは言いませんので、非常に心地いいコミュニケーションと介護サービスを享受することができるでしょう。ただ、あまりにも心地いい話ばかりをしていると、患者の感情も刺激されませんので、認知症の病状が進行してしまうのではないかという心配も、今後出てくるのかもしれませんが。

世代間対立の激化がもたらす高齢者叩き

　人生１００年時代を迎えるにあたって、私がいちばん危険だと考えているのが、世代間の対立が激化することです。

　寿命が延びるわけですから、当然、年金や医療保険などの社会保障費は増大します。それでなくても財源がないということで、さらに増税や保険料値上げが行われ、給料の半分が税金や社会保障費で天引きされるようになるかもしれません。消費税も20％くらいになるでしょう。

　そうしたお金で高齢者の生活や医療が支えられているということになると、税負担をする現役世代は高齢者に対して反感を抱くようになるでしょう。自分たちの生活も苦しいのに、なぜ、年寄りの面倒をみなければいけないのか、という不満です。

そういった対立がエスカレートしていくと、「なぜ、ここまで手厚く年寄りの医療を負担しなければならないのか」、「金のない老人には、あまり医療を受けさせないようにしてもいいのではないか」といった意見が必ず出てくるはずで、かなりの医療費カットが推進されていくことが想像できます。

実際、すでに若い世代の「オピニオンリーダー」と言われる学者や評論家が、終末期の医療を保険適用外にしたらどうかといった意見を月刊誌で提起して物議を醸したことがありました。医療費負担が大きくなるのは亡くなる前の1ヵ月に集中しており、この期間を保険適用外にして、お金を自己負担できる人は医療を受けられるが、その負担ができない人は医療を受けられず、速やかに死んでもらうという主張です。もちろんこの発言には、多くの反論や抗議が寄せられましたが、時代が進めばこのような主張がマジョリティとなっていくでしょう。

安楽死や尊厳死ついても、そもそも人の命の問題ですが、社会保障費削減の文脈のなかで語られることが最近多くなってきたように思います。

年金についてはすでに、「年金なんかあてにしているほうが悪い」、「これまで貯蓄していなかったほうがダメなのだ」という風潮が広まってきており、今後、さらに年金支給が遅らせられたり、打ち切られたりすることも考えられるでしょう。

このような現役世代と高齢者の間の対立が深刻なものになるということが、私が人生100年時代においていちばん危惧していることです。

コスト削減の文脈で、安楽死や寝たきり高齢者の医療費カットが語られることに、私は強烈な違和感を抱いています。

寝たきりになったとしても、人は生物の本能として、最期まで生きたいものなのです。これは長年、高齢者医療に携わってきた私の実感です。なかには「死にたい」と言う患者さんもいますが、それは少数であって、そのような患者さんは「うつ」の可能性が高く、精神的な治療をすることで、平穏な生活を取り戻すことがほとんどです。

元気なときには、「寝たきりになったら、殺してくれ」と言っているような人でも、いざ、実際にそうなると、自分の状況を受容し、それなりに楽しみを感じながら毎日を生きていることが普通です。少なくとも、早く殺してくれと言う人はほとんどいません。
意識のない人であれば、生きたいのか、死にたいのかの意思の確認すらできません。それなのに当事者ではないまわりの元気な人々が、「生きていてもつらいだけだから、死なせてあげよう」、「どうせ死ぬのだから、ここまでの医療はやめよう」と勝手に決めることはとても恐ろしいことであり、高齢者に対する差別だと私は考えます。それも、コストをカットするということがその目的であるのですから、命に対する冒瀆《ぼうとく》としか医師の私には思えません。

このような若年世代から高齢者に対する不当なバッシングを防ぐためにも、現役世代が高齢者の年金や医療を支えるという仕組みを抜本的に変える必要があると考えます。

唯一の解決策は、相続税を100%にすることだと私は考えています。いま、日本の個人金融資産が1880兆円(2017年8月日銀調べ)あって、土地資産が1000兆円くらいあるといいます。

約30年の間にそれが次の世代に引き継がれるので、年間90兆円くらいの資産が毎年、相続されているのですが、相続税で取られているのが1兆円にも満たない状況なのです。

しかし、相続税を100％にして徴収すれば、日本の国家予算規模のお金となります。2014年の社会保障費の総額が約116兆円で、そのうち年金、介護保険などの高齢者に関する部分が約55兆円でしたから、相続税で徴収したお金だけで十分間に合います。消費税だって、5％ですむかもしれません。

平均寿命の短かった昔は、子どもが30代や40代といった働き盛りで、子育てや家のローンなどお金の必要な時期に、相続は行われていました。その時点では、相続も意味のある制度だったと思います。

しかし、現在は平均寿命が延び、さらに人生100年時代ともなると、子どもが60代や70代になって相続が発生するということが当たり前になることでしょう。定年退職し、子育てや家のローンも一段落した高齢者に相続でお金が入っても、贅沢に多少使われるかもしれませんが、多くは貯蓄されるだけでしょう。

そのような事情があるから、豊かな高齢者がより裕福になるだけで、消費にはまわらず、景気がよくならないのです。

若い人からお金を吸い上げて、高齢者に富を蓄積するようなことをするよりも、相続財産を高齢者たちの年金や医療、介護の資金として活用し、若い人たちの負担を少しでも軽くすることで高齢者と現役世代との対立を和らげるべきです。

そもそも、60代、70代にもなって、親の資産をあてにしているような社会がおかしいのです。若い人たちに負担が偏らない、公平な社会のほうが健全であると誰もが思うはずです。ついでに言うと、一部の資産家を除くとほとんどの人が、現行の消費税や社会保障料が多い制度で生涯に払うお金より、むしろ相続税のほうが安くすむのです。そのため私は、以前より、機会があるたびに、「相続税１００％論」を訴えています。

人生100年時代に病院はこう変わる

人生100年時代における病院像を考えるうえで、まず、現在の諸外国の高齢者医療の現場がどうなっているかをご紹介したいと思います。

アメリカの老年医学は、その教科書や論文をみても、非常に進んでいることがわかります。しかし、その進んだ医療を受けられるのは、おそらく人口のわずか5%ほどです。医療費がとても高く、年寄りになってから病院に入れるのは富裕層だけなのです。金を持っている人は医療が受けられるが、そうでなければ受けられないということが、はっきりしているのがアメリカ社会です。

一方でヨーロッパでは、高齢者には原則、医療をやりません。たとえばスウェーデンの介護施設で、高齢者の口元にスプーンを持っていっても、そこでもう食べなければ、生きる意志がないとみなされます。

高齢者が肺炎になったり、脱水になったりして食欲がガクッと落ちることはよくありますが、そうなると、そこでもう寿命だと判断されるのです。

しかし日本であれば、老人医療が普及していますので、食べないという理由だけで、放っておかれることはまずありません。いろいろ検査をしたり、原因を調べて処置をします。

その意味では、日本ではこのままいけば、寿命の延びとともに高齢者にかかる医療費はますます増大し、国の財政をさらに圧迫することになるでしょう。

そのような医療費の増大を抑えるために、1990年代の後半に、国は高齢者の長期入院に対して、医療費を定額制にしました。いろいろな医療処置をしても、決められた額しか、国から病院に支払われないようにしたのです。

さらに現在は、外来においても、定額制を導入したらどうかという意見も見受けられます。

しかし、入院と違って通院の場合、患者をひとつの病院だけにかかるように強制することはできません。内科の医院で血圧の薬をもらっている人が、別の整形外科医院で腰痛を治療してもらい、眼科の医院で白内障の治療をするということは普通にあることです。もし、眠れないということがあれば、精神科にかかって睡眠薬を処方してもらうこともあるでしょう。

こうなると、いくら外来を定額制にして医療費を抑えようとしても、現実的には患者はいくつもの病院に行って薬をもらったり、診てもらったりしますので、あまり効果がみられないはずです。

高齢者の医療費抑制のための本質的な解決策を考えるのであれば、そのヒントは前述した高齢者の長期入院に対する定額制にみることができます。この制度が導入されたとき、長期入院の老人に対して、いくら点滴をしたり、薬を出しても病院に入ってくるお金が同じになったことから、どこの病院でも患者に出す薬や注射が大幅に減って、その量が3分の1程度になったとされています。すると何が起こったかというと、これまで薬漬けにされていた老人たちが元気になって、寝たきりの人が歩きだすようなケースがあちこちで見られたのです。

高齢者に対する薬漬けや、不必要な手術を控えれば、生活の質は向上し、より健康的になって医療費の抑制にも結果的につながると考えられます。

2007年に財政破綻した北海道夕張市では、これまであった171床の総合病院が閉院し、19床の診療所だけになってしまい、市内にCTやMRIが1台もなくなりましたが、市民の平均寿命が下がることもなく、心筋梗塞やがんの死亡率がむしろ減ったことで注目を集めました。

いままで私たちが持っていた、高齢者に手厚い医療を行ったほうが長生きできるし、健康であるという考えは、どうやら間違っているようなのです。

ただ問題なのは、高齢者に対する薬物の適正な使い方を明らかにするような大規模調査が、日本ではこれまで行われていないのです。もし、医療費増大による財政破綻を防ごうというのであれば、そういった大規模調査をまず、速やかに実施するべきです。その調査結果によって、高齢者への薬の過剰な処方を適正レベルに改めることが解決策となるはずです。

本来であれば、すでにこのような研究が進んでいてしかるべきはずですが、日本の老年医療の学会、それもその学会のトップが製薬会社とズブズブの関係を続けてきた結果、高齢者にどんどん薬を使う方向に日本の老年医療はミスリードされてきたのです。

また、厚生労働省の役人たちも、製薬会社に天下りしたいものだから、医療大改革などするわけがないのです。実際、元役人が製薬会社の社長になるような国は、日本くらいです。

もし2000年前後から高齢者の薬剤を減らす方向に舵を切っていれば、当時で老年薬剤費が年間7兆円ほどでしたから、それを3分の1にしていたなら、年間4兆5000億円が浮きます。現在までに、100兆円近いお金を減らすことができたかと考えると、なんともやりきれなくなります。

ただ、このような医療を続けていたら、確実に財政破綻しますから、高齢者への薬剤を減らす研究は必ず始まるはずです。そういったところから、過剰すぎて逆に高齢者の生活の質や健康レベルを落としていた医療が、今後改善されて100歳時代に見合った病院・医療ができあがっていくものと思われます。

ちなみに、未来の病院ということで考えれば、ＡＩの進歩とも無縁ではいられないでしょう。医師会や大学医学部などの手ごわい抵抗勢力が日本にはありますが、まず、医療に導入されるとしたら、検査データの分析や、画像診断の領域が考えられます。

画像診断によるがんの見落としなどが昨今、報道されますが、ＡＩが担うようになれば、そのようなミスはまずなくなるでしょう。

いまの医師は昔に比べて圧倒的に問診が少ないので、内科などは最初にＡＩに取って代わられるはずです。医師はＡＩの診断に、明らかな入力ミスや、患者の取り違えなどがないかチェックをしてサインするだけになるかもしれません。

人間のいいところは、経験的にちょっとおかしい、答えがあまりにも変だということがわかるところですので、なんらかのチェック機能においては、まだ医師が担うような形になるのではないでしょうか。あるいは、メンタル面の支え役としての役割が重要になるかもしれません。少なくとも、数値の解析や画像診断においては、ＡＩの診断に人間は間違いなくかなわなくなると考えられます。

高齢者に対する自殺圧力が社会で高まる怖さ

高齢者がいま以上に増えていくと、日本社会の高齢者に対する自殺圧力が高まっていくと私は予測しています。

年金は財政の無駄遣いである、若いやつが汗水たらして働いたカネで年寄りは年金生活をしているといった高齢者へのバッシングが、マスコミを通じて、いま以上に激しく行われるようになると考えられます。また、安楽死を容認するような情報も、盛んに取り上げられるようになるのでしょう。

がんも克服され、なかなか人が死なない人生100年時代では、早く死んでもらうためには自殺以外、方法がなくなります。国の思惑としては、もうこれ以上高齢者のためにお金は使いたくないというのが本音ですので、メディアを動かして盛んに高齢者叩きが行われます。その結果、高齢者に対する自殺圧力が私たちの社会でより高まっていくと考えられます。

現在、国を挙げて行われているメタボ対策などは、もっとも露骨な高齢者排除の施策だと考えられます。メタボ健診では腹囲やＢＭＩ値等によって太り気味と判定された人は、生活習慣を改善するための指導が行われています。

しかしこういった指導は、健康を促進するどころか逆に寿命を縮める結果をもたらす可能性が高いのです。かつて宮城県で5万人の大規模調査をしましたが、実は、やせ形の人のほうが、平均よりも6年から8年早く死ぬことが明らかになったのです。私たちの実感としても、まわりにいる元気な高齢者はやせ形というよりも、少々ふっくらとした人だと思います。

このような大規模調査の結果が出ても、いまだにメタボ対策が推進され、やせるための生活指導がせっせと行われている現実をみると、そこに財務省の陰謀があるのではないかと疑いたくなってきます。

少しでも早く死んでもらって、年金の払いを節約したいという国の意向を背景に、メタボ対策は「国策」のように実施されていると私は考えています。

テレビでも若者や若者の立場を代弁するコメンテーター、評論家ばかりが出演し、国の財政破綻や増税などの厄介な事柄が、高齢者が増加したせいであると喧伝することが増えるでしょう。「高齢者はお荷物だ」、「高齢者は邪魔だ」といった情報操作をして世論を形成していくに違いありません。実際に、いまの国の借金の1000兆円は、高齢者がそれほど多くない時代に不必要な公共事業でつくられたものであるにもかかわらずです。

こういった傾向は今後、より強まっていくと思われます。国やお金持ちにしてみれば、自分たちが痛みを伴うような負担はしたくないわけです。すべては増加する高齢者のせいであって、高齢者に自己責任として厄介事はすべて押しつけてくるはずです。

社会からも冷たくあしらわれ、経済的にも追いつめられた高齢者のなかには、自殺を選ぶ人たちも増えてくるかもしれません。そうでなくても神経伝達物質が減り、脳が老化しているため高齢になるほど自殺率が高くなるのは世界共通のことなのです。

しかし、そうやって自殺してくれるほうが、年金財政がラクになるので、メディアで高齢者叩きを展開する人の、狙いもそこにあるのかもしれません。

第２章

いまから始める！
人生100年時代に備えた生き方

「健康診断」信仰を捨てる

日本では、企業が従業員に健康診断を受けさせなければいけないという決まりがありますから、ほとんどの人が健康診断を受けています。

しかし、人生100年時代を考えると、長い老後を若々しく生きるためには、健康診断など受ける必要はないでしょう。異常値が出たからと、それを一生懸命に正常値に戻したとしても、多少、心筋梗塞になりにくいなど、病気にかかりにくくなるかもしれませんが、健康年齢を上げる、つまり若々しさを維持するという意味ではまったく意味がありません。

もともと日本の健康診断で示される数字のほとんどは、健康と考えられる人の平均値をはさんで95%の人を正常とし、その範囲から高すぎたり、低すぎたりして外れた5％の人を異常と判定するものです。

コレステロール値やGOTなどが「異常」として引っかかったとしても、それは平均値から外れているというだけで、異常値だと明らかに病気になるというエビデンスがあるわけではないのです。

日本の健康診断では50～60項目の検査をしますが、そのなかで病気との因果関係が明白なのは血圧や血糖値、赤血球数などせいぜい5項目ほどです。それも、血圧や血糖値が非常に高ければ、今後、健康状態を害する可能性が確率論的に高いと言えるというだけのことです。

それ以外の項目の数値に関しては、よかろうが悪かろうが、よほどの異常値でないかぎり、将来の寿命に関係しているというエビデンスはありません。

また、異常値として検診で引っかかっても、その後、放っておいた人が心筋梗塞にならないのに、これまで正常値だった人が、突然、心筋梗塞になったりもします。それくらい、日本の健康診断の結果と、実際の健康状態があまりリンクしていないのです。そのような検査数値に一喜一憂するよりは、むしろ健康診断など受けないほうが、精神衛生上もよいと私は思います。

また、異常値と判定された数値を改善しようと努力すること自体が、かえって老化を進めてしまうこともあるから問題です。

コレステロール値などが典型ですが、コレステロールを下げるような食事制限は、身体的にも脳機能的にも老化を進めてしまいます。コレステロール値を低下させることで、免疫力は下がりますし、うつ病のリスクも上がります。男性ホルモンの生成が減って意欲が低下し、シナプス機能が低下することも報告されています。つまり、健康になるというよりは、「元気のない年寄り」になってしまうのです。

これは、コレステロール値を下げて動脈硬化を防ぐというアメリカの健康論を、日本の医学界がそのまま信奉している弊害でもあります。アメリカでは死因のトップは心疾患です。がんの1・7倍、心筋梗塞で亡くなっていますので、心筋梗塞の予防が、すなわち長寿のための健康対策となりますのでそのような施策をとっているのです。

しかし、日本の疾病構造はまったく違います。日本ではがんで死ぬ人が心筋梗塞の10倍いて、心筋梗塞で死ぬ人の数はＯＥＣＤ諸国のなかでいちばん少ないのです。

このように疾病構造や食生活がまったく異なっているのに、コレステロールが悪玉であるというアメリカの健康論が、日本では信じられています。

本来、がんで亡くなる人がいちばん多いのであれば、コレステロールなど制限せず、免疫活性を上げることを考えたほうが日本人の長寿には寄与するはずなのです。

それなのに日本の健康診断は、いまだにアメリカの理論、海外の理論を盲目的に信じて行われているのです。日本の健康診断は受ける意味がないどころか、場合によっては有害なことさえあると私は考えています。

中高年になったら心臓ドック、脳ドックを受ける

健康診断は不要であるとは前述しましたが、今後の長寿社会を考えると、心臓ドックと脳ドックについては、私は受ける価値があると考えています。日本の心臓血管の内科的治療の技術は進んでいて、バルーンやステントを使った血管治療の技術はとても優れています。

心臓ドックで心臓をとりまく冠動脈のどこかに狭窄《きょうさく》が見つかれば、それを広げる処置が受けられるということです。解離性大動脈瘤などが見つかった場合も、ある程度の処置が日本では期待できます。

脳ドックでも、ＭＲＩによって脳の血管を見ることができますので、ある程度の大きさがあれば動脈瘤を発見できます。早期に見つけられれば、カテーテルなどを

使って予防手技が受けられるのです。

その意味では、１００年時代に向けて、心臓ドックと脳ドックの必要性は高まりますが、いわゆる普通の健康診断への信頼はもう捨てたほうがいいと私は思います。

実際に健康診断に寿命を延ばす効果があるのだとしたら、なぜ、現在の日本の女性は男性に比べて平均寿命が長いのでしょうか。男性は会社勤めなどをしている人が多く、健康診断も定期的に受けていますが、専業主婦の女性などは、これまではあまり健康診断など受ける機会は少なかったものです。

もし、健康診断が効果のあるものなら、女性に比して男性の寿命が延びてもいいものですが、実際の統計はそのようにはなっていません。

現在、80代、90代でお元気な女性に聞いてみても、生まれてこのかた健康診断を受けたことがないという人もいるはずです。健康診断を受ければ長生きできるなどというのは、思い込みにすぎないのです。

むしろ、高齢になってからの生活の質を維持するためには、健康診断など受けないほうがいいと私は思います。

高齢になってくると、健康診断でがんがみつかることがあるものです。１００年時代ともなれば、誰もががんになることが容易に想像できます。私も浴風会という病院で亡くなった方の解剖結果の報告を年に１００例くらい聞き続けてきたのですが、85歳を過ぎて体内にまったくがんがない人など、ほとんどいないのです。歳を取ったら、誰もが「がんを飼いながら生きている」というのが現実です。

これは私の個人的な見解ですが、私は70歳後半、80歳を過ぎたら、もうがんは切る必要はないと考えています。それよりも、手術によって体力が衰えることのほうが、はるかに悲惨です。

特に消化器系のがんだと、手術が成功したとしても栄養障害をともないますので、その後、生活の質を落とし、これまで元気だったものが、ガクッと弱った高齢者になってしまうリスクがあります。

高齢になったら、健康診断など受けない。そのほうがむしろ老いを元気に生きることができると、私は考えます。

「老い」を2つの時期に分けて考える

半数の人たちが100歳まで生きるような時代になると、平均寿命はいまより10年は延びることになるでしょう。そのような社会では、私たちの老いに対する考え方も大きな変化が求められます。

現在、アンチエイジング医療の技術がかなり進み、ある程度は老化を遅らせ、若々しくいることができるようになりました。しかし、繰り返しになりますが、完全に老化を止めることはできません。

誰にも等しく、老いは訪れるものです。いつまでも老いと闘うのではなく、いつかは老いを受け入れなければならないときがやってくるものです。

人生100年時代とは、老いを迎えてからの時間がいまよりも長くなることを意味します。その意味では、老化と闘う時期と、それを受け入れる時期の2つに分けて、人々は「老い」を考えるようになるのではないでしょうか。

私はだいたい、70代後半くらいまでは老いと闘ったとしても、80代になるころには素直に受け入れたらいいと考えています。老いを受け入れられず、次第に老いていく自分に直面してそれを嘆いてばかりいたら、80歳からの20年間、不幸な時間を過ごすことになってしまいます。

70代まであれば、認知症や要介護となっている人は1割にもなりません。容姿も70代くらいまでは、中高年時代からあまり大きな変化もなく保たれている場合も多いでしょう。幸いにも、認知症にも要介護にもならなかった人は、70代でも現役世代並みの生活を送ることがほぼできるでしょう。

その意味でも、70代までは老化と闘い、若々しくいられるように努めることに意味があると私は考えています。

ただもちろん、若いころから、歳を取ったらハゲたりシワができるのは当たり前、いろいろな機能が衰えるのが当然だから放っておけばいいと考えられる人は、老化と闘う必要もないでしょう。

かつてキャロライン・ケネディ前駐日米国大使が日本に赴任したとき、シワの多い顔が話題となりました。彼女は人工的な美容医療に反対していましたので、ポリシーとして老化をそのままさらけ出していましたが、そのような考え方もよく理解できます。

老いと闘うか、闘わないかは、人それぞれの自由です。こうでなければならない、というものはありません。ただ、言えることは、必ずどこかで老いを受け入れなければならないということです。これからの人生１００年時代では、80代がその老いを受け入れるタイミングになっていくのではないかと考えられます。

老いは汚いものでも、みじめなものでもけっしてありません。誰もが赤ちゃんのときは、ベッドで寝たきりで、おむつに漏らしたり、言葉をしゃべれなかったりしますが、それと同じように、人生の最期に近づくと、スタートしたときの赤ちゃんのような状態に誰もが戻るのです。

赤ちゃんのときはおむつに漏らしても、汚いだとか、かわいそうだなどとは思わないはずです。当たり前のこととして、みな受け入れます。

それなのに、老人が寝たきりになって漏らしたりすると、汚い、かわいそうだなどと思ってしまうのはなぜでしょうか。

これから100歳時代になると、寝たきりで老衰によって亡くなるというケースが一般的になります。いまはピンピンしていても、将来的には高い確率で自分もそうなると理解できれば、みじめだ、かわいそうだなどとは、今後、言えなくなると思います。

病気や事故で命を落とすこともなく、赤ちゃんのような人生のスタート地点に返ってくることができたということは、ある意味、天寿を全うしているとも言え、とてもハッピーな状態であると私は考えています。

会社に見切りをつける

人生が100年続くような時代になるのであれば、これまで多くの人たちが持っていた会社に対する固定観念も変える必要があります。いままで会社に対して抱いていた忠誠心や信頼などは、この際、捨て去るべきでしょう。これからは、会社に見切りをつけて生きる時代です。

私がこれからは、会社というものに見切りをつけたほうがいいと考えたきっかけは、1990年代の後半、企業がこれまでの終身雇用や年功序列を否定しはじめたときからです。

40代、50代の人材が、たいして働いていないわりに高給をもらっていて、それが会社のコストになるから辞めてもらおうというふうに企業が言い出したのです。

しかし、こんな理不尽なことはありません。なぜ、40代、50代の人たちが高給をもらえるかというと、それまで20代、30代のときに安い賃金でさんざん働かされてきたからです。安月給でも我慢して会社にいれば、年齢を重ねるうちに給料も上がってくるというシステムだったのです。

ある意味、若いときに働いた分を、歳を取ってからもらうという仕組みであり、それは会社に金を貸しているようなものだと私は思うのです。その貸した金を、簡単に踏み倒すような会社というものは、もう信用するべきではないと考えます。

企業は従業員のためと口では言うかもしれませんが、基本的に働く者のためにいまの企業があるのではありません。いくら社員が会社に忠誠を尽くしたとしても、利益は社員には返ってはこず、株主を儲けさせるだけなのです。

これからは会社を見限り、むしろ会社を利用しようという発想の転換が必要です。寿命が延びていくことで、私たちの多くは定年後も何らかの形で働いて収入を得る必要が出てきます。

定年後も働く場所を得るためには、人脈があればそれだけで有利です。定年後に、何か仕事を紹介してもらおう、この会社と取引をさせてもらおう、この会社のお手伝いをさせてもらおうと相談できる人脈があれば再就職も容易なはずです。

そしてそういった人脈というのは、結局、会社で働いているときのほうが通常、はるかにつくりやすいものです。ですから、会社勤めをしているうちに、会社を辞めてからの自分の仕事にプラスとなる人脈を積極的に構築するべきです。

よく定年後に取引企業に引き抜かれ、厚遇を得る人がいますが、こういう人は会社員時代から、自社の利益より、その取引企業の利益のために動いていたりすることが多いものです。社内の出世を第一に考えて、幸運にも社長や取締役に勝ち残ったとしても、雇われ社長でいるかぎり75歳くらいまでに追い出されてしまうわけです。100歳まで生きるとしたら、そのあとの人生はとても長いものです。

そんなとき、いろんな場面で他の会社や誰かに仕事をまわしてきて恩を売ってきた人は、次の仕事があるものです。自己中心的でずるいと思われるかもしれませんが、会社が定年後のことまで面倒をみてくれないとなったいま、そういった戦略的な考え方に変えていくことが、私たちには必要だと思うのです。

「偉い人」の言うことを聞かない

前頭葉の機能を若々しく保つためには、さまざまなことをただ鵜呑みにするのではなく疑ってみるという姿勢が大切です。

日本では「偉い人」の言うことを、盲目的に受け入れる傾向が特に強いのですが、このようなことをしていたらすぐにボケてしまいます。これは、この国の大学教育のお粗末さが原因だと私は考えています。

よく、池上彰さんがテレビで語っているのを、「そうだったのか」と言って見ている人が多いのですが、中学校、高等学校までの教育を受けた人であれば、どこの国でもそのような反応が通常のパターンです。しかし、大学教育を受けた人まで、日本ではテレビの前で感心して見ています。

外国では、そのようなことは基本的にありません。確かに中学、高校の教育は知識の詰め込みが目的であって、そのため知識の豊富さや「知っている」ということ自体を、すごいなと感じるかもしれません。

しかし、大学の高等教育は、その知識を運用し、思考する力を身につけることが目的です。本来ならば、「池上さんはそう言うけど、そうとも限らないぞ」、「他の可能性も考えられるぞ」と自分なりの疑問を持つことが高等教育を受けた人の普通の反応であるべきです。

そういった姿勢が、日本人にはまったく欠けています。日本では、AO入試なども含め、面接による入学試験というものが機能していません。いくつもの医大で、不公正な面接入試を行っていたことが判明して大騒ぎになりましたが、私から見れば何の驚きもなく、当然のことと言えます。

本来、大学の面接試験とは、これからの研究、学問の発展に資する人材を確保することが目的ですが、日本の場合は教授や大学側にとって都合のいい人材を選び取る場となっています。

ハーバードでも面接試験がありますが、その試験官を教授にはさせません。ある種の面接のプロのような人間が面接官をし、教授とは違う考えをもった人材、教授に対して反目するような人材を合格させます。

そうして、教授と学生の間の活発なディスカッションを促し、学問が進歩していくというのがハーバードのモデルです。

一方、日本の場合は、教授が面接官をし、自分に逆らわないような、自分を忖度《そんたく》してくれる学生を選別して合格させます。そのため、日本の大学教育は、海外と比べてだいぶ遅れてしまっていると言えます。現実にほとんどの医学部で入試面接を行っていますが、それ以前の教授たちのさまざまな不正が明るみに出ても、今回の不正入試の件でも、教授たちを糾弾するような医学生は現れませんでした。

このように大学に行ってまで、「上の言うことを聞く」ということが、支配的な価値観となっているのですから、社会のほとんどの大人が、自分の頭で考える習慣が欠如しているのも当然です。

しかし、偉い人の話を聞いているだけでは、前頭葉は刺激されず、どんどん老化していくだけです。

たとえば医師に、メタボであるからダイエットしなさいと指導されたとしても、「そうだったら、先生はなぜ、ＢＭＩが25から30の人がいちばん長生きできると思うのですか」、「歳を取っても少々太っている人のほうが、私のまわりの人は元気に生活しているのですが」と疑問を投げかけるべきです。

昔はよく中高年、老人がテレビを見ながら、放送内容によく突っ込みを入れていましたが、そういったことも脳にはとてもいい行為です。「そんなわけないよ」、「別の見方をしたらこうだろ」と自分なりの意見を思考することが、前頭葉の機能維持にはたいへん効果的なのです。

テレビを見ていて、「そうだったのか！」と感心しているだけでは老後は心配と言えるでしょう。

言うことを聞いているだけでいい時代は終わった

上の指示に従うだけで思考しないという姿勢は、大学教育の場だけでなく、企業経営の場にも浸透していて、いまの日本社会の行き詰まりの象徴と言ってもいいと私は考えています。

戦後、日本は加工貿易国として急速に復興を遂げ、経済大国となっていきました。加工貿易国は、原料を輸入し、注文に合わせて商品に加工して海外に輸出します。ある意味、言われた通りに従って、言われたことができる能力があれば、それでよかったわけです。

そのため、為替が円高になると、輸出商品の値段が相対的に高くなるので、商品が売れなくなって企業は困ることになります。

一時の日本は、内需が強く、輸出依存度も低く、外国の人から見て高いと思われる商品をつくっても売れていたのです。それがいまは加工貿易国に逆戻りしていて、そのことが日本経済の行き詰まりを招いていると考えます。安倍政権の金融緩和政策で円安になってよかったと喜んでいる人もいますが、そのおかげで、どれくらい日本の一人当たりGDP（国内総生産）の世界順位が下落したかを考えるべきです。

ドル換算でGDPは比較されますので、円安になれば、その値は下がってしまいます。2012年の日本の一人当たり名目GDPの世界ランキングは15位ですが、2017年には25位まで下落しています。

加工貿易国を卒業して、独創性を獲得し、付加価値を商品につけることができれば、たとえ通貨が高くなっても商品は売れるものです。

たとえば、iPhoneなどであれば、1ドル80円から120円になれば、日本では1・5倍の値段になりますが、売れ行きにはほとんど影響しません。エルメスやベンツなどといったブランド力のあるもの、いいものは高くてもみな欲しいわけです。

そう考えると、円安でないと海外で売れないという日本車や日本製品は、厳しい言い方ですが、そこまでの価値がないのです。

ただ、以前の日本には、そういった独創的なものもありました。世界に先駆けてつくったVHSや8ミリカメラ、ウォークマンなど、円高でも海外でたくさん売れました。

つまり、円高でもびくともしない会社をつくることが、経営者や政治の仕事なのです。それなのに、円安に依存する大企業や、そんな企業を生き残らせるための円安政策は、ただの甘やかし政策にしかすぎず、日本経済の先行きに不安を感じずにはいられません。

上から言われたこと、指示されたことのいいなりになるだけの加工貿易国的社会から、日本は早く脱却するべきです。いまなら、日本のアニメ関連分野であれば、1ドル50円の円高になっても、海外で売れるだけの魅力があるのではないでしょうか。そのような産業こそ重要であって、その育成を国を挙げてするべきでしょう。

ドル換算でここまで生産性が下がり、実質賃金も下落している国なのに、「いざなみ越え、いまの日本経済は戦後最長の景気回復の長さ」などとメディアでは伝えています。

もしあなたが、このニュースを聞いて喜んでいるのだとしたら、これからの人生１００年時代が心配になります。

マスコミの言うことであろうと、会社の言うことであろうと、権威のある人が言うことも疑ってかかる。言うことを聞いているだけでは、前頭葉は老化するだけです。また、言うことを聞いているだけの人は、ＡＩの実用化とともに、会社の中でもお払い箱となることが見えています。

脳機能の維持のためにももちろんですが、会社も国も面倒をみてくれない長い老後がやってくるという現実に対処するには、自分の頭で考え、国やマスコミ、識者などの「権威」の言いなりにならない生き方をすることが必要になってくると思います。

無駄な節制などやめて生きる

私はこれまで30年以上にわたって高齢者医療に携わってきましたが、無力感を覚えずにはいられないときもあります。

たとえば、たばこをスパスパ吸っていても100歳近くまで元気な人もいますし、健康管理や食事制限に積極的で、身体に気をつかっていてもがんや心筋梗塞などに侵される人もいます。

残念ですが、いまの医療技術では、遺伝にはけっして勝てないのです。親が認知症であれば、子どもも認知症になる可能性が高いですし、がん家系といった表現があるのが現状です。

ですから私個人は、基本的な節制は一切していません。たばこはおいしいとは思わなかったので若いころにやめましたが、お酒はよく飲みますし、お腹が出ても平気ですので、好きなものを制限せず食べています。

歳を取っても衰えないように、身体や脳を使い続けるということは大切ですが、無駄な節制などはやめたほうがいいというのが私の正直な意見です。

もちろん、肝臓を壊すまでお酒を飲んでもいいというわけではありませんが、常に「節制しなければ」と神経質にならなくてもいいということです。結果的に、いくらがんばっても遺伝にはかなわないのです。

それなのに、日本人の場合は、遺伝に勝てるような錯覚をどこかで持っている人が多いように感じます。戦前までは先進国のなかでも世界有数の短命国家だったのに、戦後、一気に最長寿国になったことで、健康管理に努力すれば長生きできると勘違いしているのです。

しかし実際は、努力したからではなく、食べ物がよくなって栄養状態が改善したから日本人は長寿になったのです。

それなのに無用な節制などしたら、栄養状態を悪化させて、逆に老化を促進する結果を招くこともあります。特に、歳を取ったら肉を控えるという人がいますが、そんなことはけっしてしてはいけません。肉を食べ、多少コレステロールの高いほうが、むしろ、歳を取っても元気でいられるのです。

その点は、欧米の老人たちの生き方が大いに参考になります。彼らは日本人よりも早く老ける傾向があり、40代でかなり太ったり、ハゲたりして、一気に歳を取ります。

しかし、彼らはそこからどんどん枯れていって元気がなくなるのではなく、意外に健康寿命が長いのです。これは彼らが肉食であることに、大いに関係していると思われます。

そもそも欧米では寝たきりの医療はしませんので、その分、平均寿命が短くなるはずですが、それでも日本と比べて2歳くらいしか違いません。

つまり彼らは、最後まで現役のように、車を運転したり、歩いたり、ぎりぎりまで健康寿命を維持するライフスタイルなのです。

日本では高齢者から運転免許を取り上げるような動きをしていますが、欧米ではそのような人権侵害はもちろんありません。

また、「年寄りのくせに」、「年甲斐もなく」といった日本にはある高齢者のタブーなどもありませんので、隠居などせず、現役のときのような気持ちで多くの人が生活しています。

そして何よりも肉食であることが、欧米に元気な老人が多い理由と言えます。遺伝もさることながら、間違った食事制限をしている人が日本には多いという状況を見るにつけ、無駄な節制などやめたほうがいいと私は思います。

そんなことより、できる限り現役時代の食事や生活スタイルを維持している欧米の老人たちの生活ぶりを見習ったほうが、結果的に健康な老後を送れるのではないでしょうか。

高齢者がお金を使うことが社会を変える

相続税を100%にすると、高齢者に対する社会保障費の原資が確保できるということは前章でも述べましたが、それ以外にも、この相続税100%を導入すれば、大きなメリットがあります。

いくら財産をため込んだとしても、親族に資産を相続できないとなると、富裕な高齢者はどんどんお金を使うようになるはずです。それにより消費が拡大し、景気が上向くということも考えられますが、いちばんは、お金を使うことで高齢者の地位が向上するということが社会的には大きな意味があると考えています。

資本主義とは、お金を使う人、消費をする人がありがたがられる仕組みとも言えます。だから現在の「お金を使わない高齢者」は、社会からも重視されず、国の社会保障費を食いつぶすお荷物のように軽んじられているのです。

一例を挙げれば、地上波のテレビをみても、どれだけ60代、70代以上向けの番組があるでしょうか。ほとんどの番組が、若者向けの番組であることがおわかりいただけると思います。

高齢者はお金を使わないという理由で、スポンサーがつかないので、高齢者向け番組がつくられないと言われています。そもそも視聴率の調査会社は、高齢者世帯に測定器を設置すらしていないといいます。

現在の日本の平均年齢はすでに45歳を超えていますが、これからそれが50歳、55歳と高齢化していくはずです。企業もより高齢層をターゲットにして、商品やサービスを開発していかなければならないはずです。

さらに、若年世代はネットの視聴に移行し、テレビ離れが急速に進んでいます。国民の平均年齢が40歳に満たないアメリカでさえ、テレビを視聴する人の平均年齢は50歳を超えていると言われています。

それなのに日本の放送局は、40歳を過ぎればディレクターも現場を外され、若い制作現場スタッフが若い芸人や女優たちと遊びたいがために（としか思えません）、いまだに若者向けの番組をつくりつづけています。

芸能事務所にしても、若いタレントを使ってもらうほうが、利ザヤを多く稼げるので大歓迎です。そして企業の広報担当者や広告代理店の人間も、その輪の中でぬるま湯につかっているのが現状です。

放送事業という許認可事業でありながら、社会性を無視したこのような運営をしていることは非常に問題だと私は考えています。

しかしこのようなことも、お金を持っている高齢者たちがどんどん消費をするようになってくると変わるはずです。企業も広告代理店も、お金を使う高齢者のニーズを無視できなくなります。地上波のテレビ放送においても、高齢者向け番組が主流となるはずです。

それによって、高齢者がいまのように社会のお荷物であるかのように軽んじられる風潮にも、ある程度歯止めがかかると私は考えています。

たとえば現在は、高齢者が自動車運転で事故を起こしたりすると、「もう、免許を取り上げてしまえ」という論調になりますが、もし、高齢者の消費が活発になれば、国が補助金を出すなどして、新しい高齢者向けの安全機能を持った自動車の開発や購入をサポートするといった施策に世間の論調は向かうはずです。それにより、自動車市場も大いに活性化することでしょう。

自動車業界だけではなく、あらゆる商品、サービスにおいて、高齢者の消費が活発になれば、高齢層をターゲットにした新たな商品が開発されるようになるはずです。人生１００年時代、高齢者となった私たちが、生きやすい社会を実現するためにも、高齢者の消費を促進する相続税１００％の施策は非常に有効だと私は考えています。

「カネ」より「名誉」の生き方

相続税１００％を実施し、実際に遺産をすべて納税した人には、勲章や爵位が与えられる仕組みをつくることもひとつのアイデアだと私は考えています。

おそらく昭和の時代までは、日本はカネより名誉の社会だったと思います。それが平成に入ってから、急速に「カネがすべて」の社会になってきたのです。名誉よりカネの社会になると、さまざまな部分で社会のゆがみが表面化してきます。

医療の分野はその典型です。いま、医師不足や病院経営の悪化などで、一定の質を保った医療を安定的に提供することが困難な場合も出てきています。そういった医療崩壊をもたらしている原因の一つが、「カネがすべて」の風潮です。

昔であれば、医師が医局に残る、大学病院に勤めるということが名誉で、開業医になることは、ある種の負け犬とみなされていました。しかし、いまの価値観はカネのほうが偉くなってしまったので、多くの医師が開業医になることを選びます。開業医になると、勤務医のときの給料の２～３倍の収入を得ることができます。いま、はやりのドクターズビルのテナントに入って開業し、自宅から通うようにすれば、勤務医時代にあった当直もないし、夜中の呼び出しもなくなるのでとても楽です。

しかし、それによって、結果的に医療崩壊がさらに進んでいくことになります。こういった拝金主義の浸透が、日本社会のさまざまな部分で機能不全をもたらしているのです。今後は名誉がインセンティブとなるシステムに戻していかないと、社会が立ち行かなくなると私は考えます。

その点、昔の人は知恵があったのだと思います。お金持ちが偉いなどとは考えませんでした。日本では士農工商のいちばん下位がお金持ちの商人です。シェークスピアなど海外の作品をみても、お金持ちはだいたい悪人に描かれます。つまり、「金持ちがいちばん偉い」という価値観では、社会がおかしなことになると、昔の人たちはわかっていたのです。

私たちは、そういった先人たちの知恵、歴史から、いまこそ学ぶ必要があるのだと思います。「カネがすべて」であるかぎり、人は自己利益を追求して生きるしかありません。しかし、名誉のインセンティブが働くようになれば、必然的に利他的になるはずです。遺産をたくさん納めた人に叙勲する仕組みは、そのきっかけとなると考えています。

世界中に広まる格差問題についても、拝金主義を改めないかぎり、さらに深刻なものになっていくでしょう。今後ますます高齢者が増えていくなかで、自己利益がすべての社会であったら、高齢者たちの未来も暗いものになってしまうはずです。

運転免許は絶対返してはいけない

現在、高齢者から運転免許を取り上げる方向で日本社会は動いていますが、私から見るとまったくおかしな話に思えてなりません。そもそも、統計データをご覧いただければみなさんもわかっていただけると思いますが、高齢者が交通事故を起こす頻度は、実は高くありません。

警察庁発表の「平成28年における交通事故の発生状況」のデータによれば、免許保有者10万人当たりの交通事故件数でずば抜けて多いのは、16〜19歳の約1800件、次が20〜29歳の約900件、3番目が80歳以上の約700件です。他の年齢層は、70代も含め、500件ほどで横並びです。

それなのに、「高齢者がアクセルとブレーキを踏み間違えて暴走した」というニユースが話題性があるということで、やたらにメディアで取り上げられ印象操作されているのです。

ペダルの踏み間違えも、認知症によって間違えているわけではありません。アクセルとブレーキのペダルの区別がつかないほどの重度の認知症に仮になっているのであれば、まず、車の運転以前に日常生活も支障をきたしているはずです。

つまり、ペダルの踏み間違えは、単に慌てたからか、注意力が欠如していたからであって、それは若い人でもあり得ることだと思います。

もし、事故を減らそうというのなら、本来、事故率の高い若年層の免許取得になんらかの対策を講じるほうが効果的なのですが、実際は、不公平な高齢者叩きとなっているのが現状です。

認知症というと、外を徘徊したり、問題行動を起こすのではないかと思われる方もいるかもしれませんが、それはごくごく少数です。基本的に認知症になると、意欲が低下し、外出もせず家にこもるようになります。

それなのに、そういった高齢者から移動手段を奪ったりしたら、ますます外に行かなくなって、認知症は進んでしまいます。

もともと認知症ではなかった人でも、免許を取られ、家にこもるようになったら、あっという間に老いて、認知症になってしまうことさえ十分考えられます。

ですから私は、高齢者の方たちに向けて、免許を取り上げられたらボケてしまうから、意地でも自主返納などするなと言っています。

近い将来に、ＡＩ技術の進歩によって自動運転が可能になるかもしれませんが、それまでは、運転免許はけっして取り上げられないように、ましてや自主返納などしないというのが、高齢者が自分の身を守るために必要な戦略だと思います。

情報力が生死を分ける

これからの長寿時代は、情報弱者と情報強者の格差がいま以上に大きなものになるでしょう。

今後、ＡＩによって多くの仕事が取って代わられ、大失業時代がやってくるはずです。最初は比較的単純労働の仕事がＡＩに代替されていくでしょうが、そのときに次は知的労働者も危ないということに、十分な情報を日ごろから得ていないと気づかない人もでてくるはずです。

おそらくマスコミは、そのような事態になっても、失業した人たちは知的レベルが低いからだ、これまで自分のスキルアップを怠ってきたからだ、というふうに自己責任論を押しつけてくるかもしれません。

そのときに、「しかし、このままいくと次は自分も危ないな」とメディアを疑う能力、正しい情報を得る能力がこれからは必要になってくると思うのです。

経営者やお金持ちは、常に自分に都合のいい論理を振り回すものです。アベノミクスが成功したと盛んにメディアで言われますが、この間に、企業の内部留保は２７０兆円から４５０兆円に大幅に増えていますが、企業は労働者の給与をなかなか上げようとはしません。その一方で消費税は上がりますので、実質賃金は下がってきています。しかし、こういった事実はなかなか大手の新聞、テレビのニュースでは報道されません。

人手不足のため、外国人労働者の受け入れを加速する施策が決まりましたが、これもたとえば、介護の現場で働く人たちの年収を１００万円増やせば、介護の人手不足はあっという間に解決します。

人手不足というよりは、給料不足で人が集まらないのが現状なのです。つまり安い給料で使える人材がさらにほしくて、外国人労働者の受け入れを企業は政府と一緒になって推進しているのです。

現在の介護労働者はおよそ200万人ですが、1人100万円年収をアップしても、2兆円です。日本の軍事費が5兆円と、アメリカに支出している約1兆円の計6兆円です。現実問題として中国も北朝鮮も攻めてくる可能性は極めて低いので、そこから2兆円くらい回すことは問題のないことです。

年間90兆円もの国家予算があるのですから、道路工事を控えて、そこから捻出したっていいはずです。しかし、そういった議論は起こらず、お金持ちの論理だけが、日々メディアを通じて流されています。

また、医療に関する情報格差は、高齢者になればなるほど大きなものになっていくでしょう。

かつて群馬大学病院で肝臓手術を受けた患者18人が亡くなった事件がありましたが、この病院の実情を知っていればここまで大事件にはなっていなかったはずです。

そもそも群馬大学は研究至上主義で、2005年に親の介護を終えた50代女性が猛勉強をして、医学部の合格者の平均点を10点以上上回る高得点を取ったにもかかわらず、面接で落とされています。大学側は年齢が理由であると認めませんでしたが、研究ができないからという趣旨の説明をしているようです。

この事件はニュースなどで報道されましたから、それを知っている人であれば、この大学の教授会が医療よりも研究を大事に考えていることがわかるはずです。実際、その結果、未熟な医師が18人もの尊い命を奪うことになったのです。

さらに問題なのは、被害にあわれた17人目までの方のご遺族は病院側の説明に納得し、医療過誤の発覚が遅れたということです。執刀医やこの病院の過去の手術の実績や、噂なども含め、情報を得る能力があればこのような事件はもっと早く発覚したはずです。

実際、高崎から新幹線に乗れば40分ほどで東京に行けますので、なんらかの情報を知っている人は、群馬大学病院に行かず、東京の病院に行ったはずです。

ただ、東京の病院に行けば必ず、名医による最高レベルの医療が受けられるとは限りません。ブランド名に踊らされることなく、各病院の手術実績や、名医と言われる医者たちの情報をもとに病院を選ぶことが自分の身を守るためには必要になってきます。

今後は、生活保護より支給が少ない国民年金だけでは生活できないという高齢者の方たちが出てくることも想像できます。しかしそのような事態になっても、年金と生活保護の基準額との差額分は生活保護がもらえる仕組みになっています。

もちろん所有する財産の関係で不可能な場合もありますが、「年金が少ない人の場合は、生活保護を受給できる可能性がある」ということを知らない人がたくさんいます。もし生活保護を受給できれば、医療費も自己負担がなくなり、無料になります。こういった情報を持っているかどうかも、死活問題でしょう。

しかし日本では、とても困窮している人であっても、生活保護をもらうことに対して、申し訳ない、迷惑をかけられないと引け目を感じる人が多くいます

うつ病になって失業したり、離婚して母子家庭になったりして、生活保護を受給することさえも、悪いことのように思っている人がいます。

しかし、そういう人たちには、「いままで、あなたはいくら税金を払ってきたの

ですか」と私は聞きたいくらいです。これまで納税してきたのだから、それを返してもらうために生活保護を受給することは、当然の権利と考えるべきです。

私たちは知らないうちに、それが「悪いこと」のように、お金持ちの論理が刷り込まれているのです。

これは自己責任論を煽る日本のテレビの影響も大きいと、私は考えています。日本の場合、民放は5局しかなく、スポンサーの意向を汲んで常に放送されています。その結果、テレビに出てきて発言しているコメンテーターはお金持ちの味方で、お金持ちを利する発言しかしません。実際、私のような貧しい人の味方をする人間は、コメンテーターに呼ばれません。正当な権利として困窮した人が公的支援を受けることに対しても、どこか、その人の自己責任であるかのような伝え方をテレビではされることが多いものです。

また、アメリカのように30局くらいテレビ局があれば、極端な右から極端な左まで、さまざまな主張を放送する状況が生まれますが、NHKも合わせて6局しかない日本で、どの局も同じような論調で放送をすれば、人々を情報操作することは簡単なのです。

しかしこれからの時代は、マスコミ、メディアの発信するものを、常に疑ってかかる能力が求められてくると考えます。そうしないと、特に高齢者は、お金持ちに奴隷化されてしまう危険性があると私は考えています。

限界を迎える婚姻制度

多くの人たちが１００歳まで生きるような社会がくると、現行の婚姻制度も限界を迎えることになるのではないかと私は考えています。

よく、「添い遂げる」という表現をして、一生をともにする夫婦像を私たちは理想として描いていますが、今後はそういった価値観が揺らぐ時代がやってくるかもしれません。

もちろん夫婦仲がよく、ともに暮らしたいと考えるなら、添い遂げることが幸せですが、必ずしもそうではないこともあります。子育てが一段落し、夫が定年を迎えるのを契機に、これまでの夫婦のすれ違いが顕在化することがよくあります。

会社を辞めて濡れ落ち葉化した夫と毎日、家で顔を合わせるなかで、積年の思いに背中を押されるように離婚を決断する妻もいます。もちろん、そのようなすれ違いや、不満があったとしても、それを許し合い生きていくことに夫婦愛のすばらしさがあるという見方も私には理解できます。これまでは、そういう生き方もできたのかもしれません。

しかし、１００歳時代ともなると、定年後の夫婦二人の生活は30年以上になってくることでしょう。もし、その歳月を不満を抱えながら生きるのだとしたら、それは、気の遠くなるような長い時間に思えるのではないでしょうか。

夫婦のあり方、考え方は人それぞれで、「こうあるべきだ」というものでもありません。それぞれの人が、自分で決めればいいことで、私の考えを押し付ける気はまったくありませんが、これからの長い老後の時代を考えると、いままでの夫婦観だけでは、うまくいかなくなるように私には思えます。

寝たきりの状態を経験しながら、夫婦ともに高齢まで生きるようになっていきますから、元気なほうが、弱った相手の介護に長期にわたって参画する事態が想定されます。

そうなると、相手に対する理解がなかったり、不満を抱えているままだと、介護は義務感だけでやることになり、結果的にお互いにボロボロになってしまいます。

そのようなことを避けるためにも、今後は、子育てが一段落し、定年退職した段階で、夫婦関係を清算するようなことが増えるのではないでしょうか。実際、定年後離婚は、少しずつ増えてきているようです。

離婚をすれば、女性も男性もさらに若々しさを保とうとするはずです。それが、前頭葉や男性ホルモンによい影響を与え、老化を遅らせることになると思います。

100歳時代による老後の延長は、私たちに婚姻関係に対する新しい価値観をもたらすのかもしれません。

医師の言うことをあまり信用しない

寿命が延びて100歳まで生きるとなると、還暦から40年も生きることになります。ちょうど成人式を迎えた20歳から60歳まで生きてきたのと同じだけ、いわゆる老後があることになります。これだけある第二の人生をどう生きるか、いまから不安になったり、ときには迷ってしまうこともあるでしょう。

でも、そんなときに覚えておいていただきたいのは、医師の言うことをあまり聞いてはいけないということです。私自身が医師ですから、少々矛盾してしまうのですが、医師は幸せな老後や、若々しく老いを生きるためのアドバイザーではありません。

医師はただ、病気を治すことが仕事であるだけで、自分自身はさほど長生きではありませんし、若々しい老年生活を実践しているわけでもありません。実際、医師の平均寿命は、日本人の平均寿命より少し短いくらいです。

確かに生涯現役でいられる仕事なので、高齢でもかなり元気な医師がときどきいますが、そういう人の経験談を聞くことには意味があるかもしれません。ですが、基本的には医師のほとんどは高齢でも健康でいられる知恵を持っているわけではありません。

たとえば新人のプロ野球選手が話を聞きたい、技術を盗みたいと思うのは、自分が目標とする有名選手だと思います。まさか、トレーナーに聞きたいという人はいないでしょう。トレーナーは選手の健康管理が主な仕事です。

それと同じで私たちも、どんな高齢者としての人生を送りたいのか、それを実践している見本を見つけることです。

日野原重明さんや、瀬戸内寂聴さん、橋田寿賀子さんなど、高齢でも生き生きと過ごしてらっしゃった方はたくさんいます。

もちろん著名人だけではなく、自分がこれまでの仕事や生活のなかで出会った、

「自分もこういうふうに歳を取りたい」と思わせられた人たちも見本になります。

　そのような人たちの生活、考え方などを、自分の人生のヒントとすることが、長い老後を幸せなものにするもっとも有効な手段になると私は思います。幸いこれから90歳、１００歳になっても元気な老人は増えていきますので、見本とする対象が不足することはないでしょう。

第3章

「人生100年ブーム」にだまされてはいけない

社会保障費カットの口実としての「人生100年時代」

日本社会の高齢化が進み、年金や医療費などの社会保障費が増大し、このままでは国の財政が破綻してしまうという情報がメディアではさかんに流されます。実は、「人生100年時代ブーム」も、年金の支給年齢を遅らせたり、医療費を抑制したりといった社会保障費カットの口実になっているのではないかと私は考えています。

高齢になっても働き続けなくてはならないといった風潮も、「人生100年時代」が強く後押ししています。

「年金が減る」、「医療費負担が増える」、「歳を取っても働け」と言われたとしても、普通は簡単には受け入れられないはずです。しかしそれが、「高齢者が増えたから」、「寿命が延びて100歳まで生きるようになったから」と言われると、「仕方ない」

と私たちも納得してしまいがちです。それがわかっているからこそ、国は高齢化を理由にして、社会保障費のカットを進めようとするのです。

しかし、そもそも日本の財政赤字が膨らんできたのは、社会福祉のための支出が増えてきたからではありません。

これは一例ですが、東京都では1970年ころ、美濃部亮吉さんが知事でしたが、高齢者の医療費や都営交通の無償化を実施しました。その後、都の財政は1000億円ほどの赤字になりましたが、実際は、福祉が原因ではなく、オイルショックで税収が減ったことが主な原因でした。それなのに、メディアは高齢者の医療費無償化などによって巨額の赤字がつくられたと印象づけました。

次に都知事になった鈴木俊一さんは、高齢者の医療費無償化を廃止し、都の職員の給与引き下げなどをして、美濃部さんが残した借金を解消して財政を黒字に回復させました。

しかし、臨海副都心開発を強引に進めて、最終的にはおよそ2兆円もの借金をつくってしまったのです。つまり、老人福祉などよりも、「箱もの行政」にかかるお金のほうがケタ違いに大きいのです。

現在、国は増大する社会保障費を賄うために、消費税はいずれ20%にしなければならないと主張をしていますが、高齢者がいまほど多くはなかった時代に、８００兆円（現在は１０００兆円を超えていますが）もの借金をつくってきたのは、ほとんどが箱ものや土木に関する費用と防衛費です。

そのことに気づかれないように、「高齢者が増えたから」と政府は言い続けているのです。財政運営に失敗して赤字を垂れ流してきたのに、高齢者のせいにすれば国民をだますことができると考えていて、実際、そういった政府や財務省の情報に多くの人たちは引っかかっているのです。

本来であれば、このような超高齢社会が来ることは何十年も前からわかっていることです。いままで有効な手立てを打ってこなかった国に、大きな責任があるのです。それなのにいまになって、「年寄りが増えたから」と言うのは、高齢者への明らかな責任転嫁です。

特別養護老人ホームの不足が問題となって久しいですが、現在、入所者が約60万人、入所待ちの人が約50万人いるといいます。合計110万床用意できれば、すべての人が入所できることになります。1つのベッドに年間400万円から500万円の維持費（介護職員の給与をいまより少しは増やせるレベルです）がかかる計算で、全体は4・4兆円から5・5兆円。自己負担分を引くと、年間約4兆円の負担にもなりません。これを実現したとしても、かつての道路特定財源の金額よりも少ないものです。いまの毎年の国の赤字の、わずか10分の1なのです。

国の莫大な赤字は、高齢者がそれほど多くない時代からの公共事業によって積み上がってきたものなのです。そのようなお金を、これからは高齢者のために振り分ければいいのです。

高齢者の医療費についても、喧伝されているほど巨額ではありません。年間12兆円強で、これは日本のGDP約500兆円の2％にすぎません。一般会計予算が2018年度で約97兆円ですから、その12％ほどです。

それなのに、国家予算の大部分が高齢者のために使われているような印象を、私たちは植え付けられています。新たな増税などするよりも先に、現在の国の予算を振り分け直すことを進めるべきです。一般会計で約100兆円、特別会計で約200兆円といわれる国家予算を、本当に必要なものに配分するべきなのです。

「人生100年時代」という刷り込みによって、「高齢者が増えたから仕方ない」となんとなく納得したり、思考停止を起こしていると、これから高齢者の権利はどんどん限定されたものになっていくに違いありません。

生産性で人をはかる異様さ

１００年時代を見据えて、政府も高齢者の定年延長に向けて積極的に動いています。歳を取ってからも働き続けられるように法整備し、増大する社会保障費を抑制し、高齢者の生産性を上げることで景気浮揚を目論んでいます。

いまだに日本政府には、景気対策として生産性を上げようという面がありますが、これは明らかに時代遅れの考え方です。

金持ち減税という施策がありますが、これなども、金持ちを増税すると働かなくなるので、減税して、金持ちの生産性を上げようというものです。

女性の社会進出を促進するという政策も、主婦や働きに出ない女性の生産性を上げようというものに他なりません。

しかし、日本社会の現状は、消費をはるかに超える過剰な生産になっているのです。このことは、かつてのセブンイレブン会長の鈴木敏文氏も随分前から指摘していました。いくら生産性を高めても、物は余り、消費不況は続きます。

経済学者のケインズは80年も前に、所得の再分配によって消費を増やし、国全体の消費性向を上げていくという考え方を述べています。たとえば年収が1億円ある人でも、消費にまわるお金はせいぜい2000万円、3000万円くらいで、残りは使われません。

一方、年収、300万円の人は、衣食住で、そのほとんどを使ってしまいます。ですから、高所得者から税金をたくさん取り、それを所得の低い人にまわせば、消費が喚起されるという考え方です。ケインズは真面目なプロテスタントでしたから、タダで低所得者にお金をまわすより公共投資で働いた給料としてお金をまわす考え方をしましたが、いずれにせよ消費を増やすのに重要なのは所得の再分配です。

日本社会にいま必要なのは、こうした政策だと考えられます。人口が減り、高齢者が増えるのに、格差が広がり、さらに消費税も上がり、中間層や低所得者層の可処分所得が減っていくのでは、今後も消費が拡大することはまずないでしょう。

まずは、日本政府が「生産性神話」を捨てるべきです。このような社会の流れの中で、私たち自身も生産性を第一に考える傾向が強くなってきていますが、そのような考え方もここでリセットするべきでしょう。

とにかく生産性を上げることが大事で、歳を取っても生産性を維持し、女性も生産性を上げることで、社会に貢献できるという考え方はやめるべきです。むしろ、この生産過剰社会にあっては、生産をせず、消費だけする存在のほうが社会には貢献していると言えるのです。実際、米余りの時期には政府は米をつくらない農家に、お金を渡していました。これも豊作貧乏を防ぐためには賢明な政策だったのです。

年金生活をしている高齢者などは、消費だけする存在の代表であり、本当は社会にとってとてもありがたい存在なのです。それなのに日本には、「働かざる者、食うべからず」といった価値観がはびこっていて、肩身の狭い思いをしている高齢者もいます。

そもそも「働かざる者、食うべからず」という言葉を、日本人は間違って解釈しているのです。この言葉はレーニンが使ったものですが、本来の意味は、金持ちが不労所得でラクな生活をすることを批判したものです。高齢で体が弱ったり、病気になったり、介護に追われたり、何らかのどうしようもない理由で働けない人を、切り捨てるような言葉ではありません。

今後、さらに「生産性」を第一にする価値観が広まると、働けなくなった高齢者は、まさに生産性の落ちた人間として、社会のお荷物としてみなされる傾向が強くなるのでしょう。これはちょっと恐ろしい話です。人間の価値は、生産性などではけっして決まらないはずです。今後、生産性の落ちた高齢者は自己責任だから、長生きできなくても仕方ないと、医療や年金が制限されるような事態も起きかねないと思います。

人生100年時代が唱えられるとき、高齢者がいかに生産性を維持し、仕事におけるスキルアップを継続していくかに主眼を置いた論考を目にすることも多いのですが、私はそこに大きな矛盾を感じてなりません。

どんなにがんばっても、85歳を過ぎたら脳は否応なく本格的に老化しますし、10

年から15年は働けないで生きる時代がこれからくるのです。本来であれば、人生100年時代をひかえ、これからは人を生産性ではかるような愚かなことはやめようと考えるべきです。それなのにいまだに人間を生産性第一で見ようとする異様さ、怖さを私は感じています。

マルチなステージで働き続けるという幻想

これまでの人生設計は、生まれてから就職するまでの学びのステージと、就職してからの仕事のステージ、そして仕事を引退してからの老後のステージの3つに分けることができますが、人生100年時代になることで、人はより多くのステージを経験するようになると言われています。

長い老後に向けた資金を確保するためにも、働く期間は必然的に長くなります。1つの職種を務めあげるのではなく、さまざまに職を替え、そのためにはときには仕事を休み、スキルアップのための学びの期間を過ごしたり、会社を起業したりするなどのマルチなステージを生きる人生設計が提示されることもあります。

私はこういった意見には、少なからず違和感を持っています。このような主張は、たいてい老人を見ていない人の意見である場合が多いものです。

50代後半、60代になってから、新しい分野に活動の場を広げるということは、脳機能の面からは、なかなか難しいものなのです。

以前、定年後の起業志願者へのコンサルタントをやっている方と対談したことがありました。その方も、定年後に釣りのサイトを起業して成功しているのですが、定年退職する20年も前から計画を立てていたといいます。

定年後の起業塾にきても、実際にビジネスを興して成功する人というのは少なく、うまくいく人は、だいたい40代から計画を立てていた人だといいます。

つまり、なぜそうなるかというと、前頭葉の機能が50代後半、60代になると衰えてしまうからです。前頭葉が元気だと、新しいことにも柔軟性をもって対処できますし、発想力、アイデアもひらめくことができます。また、物事に対する「意欲」も旺盛でいられるという面があります。

よく、60歳になって、定年退職して暇ができてから起業のことは考えればいいなどと甘く考えている人もいますが、もうその年になったら、新しい仕事に適応することも難しく、柔軟な発想もなかなか出てこないのでうまくいかないのが現実です。

会社勤めをしているときは、50代後半でもまだ側頭葉と頭頂葉はまったく衰えていませんから、これまでやってきた仕事であれば難易度の高いことも簡単にできます。そのため、自分はまだまだ大丈夫だと思ってしまうのです。

しかし、前頭葉の衰えは40代からすでに進んでいるのです。中高年になっても新しいステージに次々移り、活躍の場を変えていくということをするのであれば、前頭葉の能力が衰えないように鍛えるという準備をしておく必要があるのです。それほど、マルチなステージに人が対応していくという生き方は、脳機能的にみて高齢になればなるほど難しいものなのです。

「歳を取っても学び続けろ」という怪しさ

　これからは長い老後生活の資金を得るため働き続けることが必要で、そのためには年齢に関係なく、一生学び続けなければならないと説かれることがよくあります。

　しかし、歳を取ってからも常に勉強し続けなければならないという主張には、私は脳機能の面からみても賛同しかねます。

　確かに、ＩＴ技術が目まぐるしく進歩していくなかで、新しい技術をうまく使うための実用的な勉強は非常に大切で、必要なことだと思います。

　これまでの定説とは違う新しい考え方などが出てきたときも、そういうものを学ぶことは大切でしょう。たとえば、これまではコレステロール値が高いことが身体にはよくないという常識でしたが、実は、意外にそうではない。むしろ人が長生きするために、とてもいい影響を及ぼしているというふうに言われるようになってきていますが、そういう新常識も積極的に学び、自分のものにするべきでしょう。

しかし、高齢になってから、古典と言われるようなものを読んで、知識を吸収するような勉強をすることは、ほとんど意味がないと私は思います。

これは外山滋比古さんも主張なさっていることですが、60歳を過ぎたら何かを学び、知識を習得していくような勉強はやめたほうがいいと私も思います。定年をしても、常に知識をリニューアルしなければならないといった強迫観念を持った人がいますが、いくら知識を蓄積していくことを続けても、脳の老化、つまり前頭葉の老化を遅らせることにはほとんど効果がありません。

それよりも、歳を取ったら、これまで集積してきた知識を、どうアウトプットするかに頭を使うことが高齢者の本当の学びだと私は信じています。

いままで得てきた知識を、組み立てながら、自分の考えを練っていく作業です。新聞を読んだり、テレビを見たり、人の話を聞いたりしても、ただ鵜呑みにするのではなく、自分なりの考え、意見を持つことです。

長年、生きてきたなかで、必ずその人の強い部分はあるはずですし、そういった分野ではその人なりの独創的な視点、考えが構築できるはずです。自分の人生経験を踏まえた強みで勝負することで、若い人たちにも勝つことができるのです。新しい知識の豊富さを競っても、若い人には勝てないでしょう。

自分の蓄積してきた知識を抽出、組み合わせ、ひとつの考えを練るという創造のプロセスこそ、前頭葉を鍛えるものなのです。また、こうして構築した自分の考えや意見を、誰か別の人に話すという行為も非常に前頭葉にはいいことです。

前頭葉はルーティンだけの生活をしていると衰えてしまいます。想定外のこと、いつもと違うことを積極的に生活に取り入れることで活性化します。その意味では、自分とは違う考え方の人、想定外の考え方に接し、自分なりの考えも披露するような場に参加することはとてもいいことです。

何かの資格取得を目指すなど独学で本と向き合い、「なるほど、なるほど」と言って読んでいるだけでは、勉強がボケ防止になるどころか、結果的にボケの道にまっしぐらの事態になりかねません。

ある程度歳を取ったら、インプット型の勉強は捨て、アウトプット型の勉強に変えることが、脳機能にとっては大切なことなのです。

若者が世の中をつくるという幻想を捨てる

日本でも官邸主導で人生１００年時代構想会議なるものが設置され、活発な議論が行われています。そこでは、今後、働けない高齢者が激増することで税収が減り、逆に政府による医療費や年金の負担が増えていくなか、日本社会、企業の生産性をなんとか上げてこの窮地を乗り切れないかとさまざまな提言がなされています。

たとえば幼児教育や高等教育の無償化や、高齢者雇用の促進、大学改革などです。いずれも限られたリソースを、生産性の向上のために投入しようという考えが背景に見えます。

確かに日本における子どもの貧困率の高さ、シングルマザー世帯の貧困率の高さを考えれば、幼児教育、高等教育の無償化は喫緊の課題だと言えます。家庭の経済状況で、子どもの教育機会や将来の可能性まで制限されてしまうような事態は改善されるべきです。

ただ、生産性や競争力の向上という視点だけで、若者への教育支援、大学改革が語られることには私は違和感を覚えます。

昨今の「人生100年時代ブーム」も同様ですが、少子高齢化で社会の生産性が落ちてしまうので、それをカバーするために、どう若者の生産性を上げるか、弱った高齢者の生産性をどう維持させるかといった議論が頻繁に見受けられます。

しかし、人生100年時代への戦略を本当に考えるのであれば、まず、「生産性」でものごとを見るという視点から、「消費性」で見る方向へ大転換するべきです。

いまだに私たちには若者信仰があって、ゲーム開発やネットを介したビジネスなど、新しい産業は若者が興すもの、若者に受けるものとどこかで考えています。しかしこれから高齢者が世界中で増加していくなかで、高齢者のニーズに対応した娯楽や文化、商品がもっとも伸びていく産業であることは確実です。

高齢者にはある程度、犠牲になってもらって、若者にリソースを集中するという考え方は、これからの社会をつくり、発展させていくのは若者であるという考えがその基盤になっています。

しかし実際は、大量の消費を担う分厚い高齢者層が、今後の社会をつくっていくのだと私は考えます。ＩＴ技術やＡＩなどの技術的な分野を牽引するのは若い人たちでしょうが、その技術を駆使して生まれる新たな産業を支えていくのは高齢者たちです。ＡＩの時代になると、ほとんどのことが技術的に可能になるので、それを何に使うかを考えたり、思いついたりする人が社会を牽引していくのです。

人生１００年時代を迎えるにあたって、若者たちが世の中をつくっていくという価値観も、今後、根底から成り立たなくなっていくと私は考えています。

100年時代と蔓延する自己責任論

人生100年時代になると、年金だけでは生活できない人や、身体が弱って医療費が嵩んで困窮する人に対して、自己責任論を押し付けてくる風潮が強まってくると想定できます。

国の税収はもちろんのこと、働く現役世代の収入も右肩上がりで伸びていく時代ではありませんので、余裕がなくなった社会では、ますます弱者への風当たりは強くなります。

いまでもすでに、人工透析の必要な人や糖尿病患者を指して、政治家が「自己管理をしてこなかった人、贅沢をして自分で身体を壊した人を国が面倒を見るのはおかしい」といった発言をして物議を醸しています。

今後は、寝たきりになったり、要介護になった人に対して、「それはあなたが自己管理してこなかったからだ」と、面倒を見るはずの国が、責任をすり替えてくることが考えられます。

年金だけで生活できない人にも、「これまで準備してこなかったあなたが悪い」という論法を押し付けてくることでしょう。自己責任論とは、国やお金持ちにとっては弱者を切り捨てるには都合のいい論理なのです。

しかし、これからの人生１００年時代は、そのようなことを言っていては社会が崩壊します。大前提として、これからやってくる人生１００年時代とは、「誰もが人に頼らなければならない時代」と理解するべきです。

これまで80年くらいで亡くなった人たちが、１００歳まで生きるといっても、１００年間自立していられる人はほとんどいないでしょう。80歳、90歳まで自立できたとしても、必ず10年や20年は誰かに頼って生きなければなりません。これまでよりも、誰かに頼って生きる時間が長くなるはずなのです。

まずは、誰もがみな最終的には、誰かに頼って生きるものだと発想を転換するべきです。自己責任論を声高に訴える人も、いまはいいかもしれませんが、必ず将来的には誰かの世話になるのです。明日はわが身と思えば、安易な切り捨てはできないはずです。

また、このような自己責任論が浸透しやすい背景には、日本社会がいまだに民主主義などではなく、封建主義社会であるという側面があります。たとえば、税金についても、私たちの社会ではいまだに「年貢」のように意識しています。税金は国民のために使われるものですが、年貢は殿様が使いたいように使います。

国民も、どこかにその意識があるので、生活保護の申請についても、税金にたかるようで、「国に迷惑をかけられない」などと引け目を感じる人がいるのです。

日本の政治家は世襲ばかりで、まさに「お殿様」です。自身もお殿様のつもりでいる人がいますから、「税金をこのような人のために使うのはおかしい」などと、税金イコール自分のお金であるかのようなことを平気で言うのです。

国に頼ってはいけないなどという国は、封建主義なのです。国民のために国はありますし、税金もあるのです。まず、私たちの社会にいまだに残る、「お上」意識をそろそろ捨て去るべきです。

そうしない限り、これから激増していく高齢者たちは、いつまでたっても社会のお荷物の地位に甘んじるしかなく、かつての姥捨て山のように社会から切り捨てられてしまうでしょう。

自己責任論を煽るメディアのからくり

もう1点、日本社会に自己責任論がはびこっている理由に、メディアの責任があると私は考えています。よく、アルコール依存症やギャンブル依存症、著名人の薬物依存症などが報道されますが、決まってメディアでは、依存症になる人の意志の弱さの問題であるかのように取り上げられます。

医師の私からみれば、これらは立派な病気であって、意志の力がどうこうという問題ではありません。ギャンブル依存症であれば、現在200万人以上いると言われていて、その治療施設がほとんどないことが問題なのです。アルコール依存症も、だいたい飲酒者の5％の人がなると言われており、誰もが無縁ではありません。ひどくなれば社会生活にも影響が出る深刻な病気です。

本来メディアであれば、そういった問題提起、病気としての実態を報道し、啓蒙することが本務であるはずです。それなのに、情報番組などでは、なんの見識もない素人コメンテーターを起用して、「人生に対して甘いからそうなるのだ」、「もっとしっかりしろ」などと自己責任論を煽って、社会の風潮を形づくっていきます。

なぜメディアがそのような放送をするのかといえば、それは巨大スポンサーに配慮しているからです。

普通、食料品メーカーが、その商品を食べた人の100人に1人でも健康を害するものを売ったとしたら、社会から厳しい批判を受けて、その商品も回収になるはずです。つまり、買った側ではなく、売った側の責任が厳しく問われるはずです。

しかし、アルコールは5%もの人が依存症になると言われているのに、売った側の責任ではなく、買って飲んでいる人の責任にされてしまうのです。これは、日本のメディアにおいては、酒造メーカーが巨大なスポンサーになっているからです。

アメリカであれば、メーカーを訴える権利が一般的になっていますので、企業も非常に慎重になっています。アルコールの危険性を常に表示したり、夜の11時以降はアルコールがどこでも買えないようになっています。お酒を飲むシーンを使ったテレビCMは流れませんし、『タイム』といった一般誌にはお酒の広告などありません。また、WHOもそのような広告をやらないように、各国に勧奨しています。

しかし日本の場合は、一般誌からテレビCMに至るまで酒造メーカーは大きな広告主なのです。そうなると、売った側の責任は問われず、立場の弱い犠牲者のほうが、自己責任を押し付けられるような扱いを受けるのです。

このように日本のメディアは一般庶民、弱者の立場を代弁するのではなく、お金持ちの意向に沿って情報を流しています。ですから、企業や一部のお金持ちたちがずる賢くたちまわって何億円も脱税するよりも、生活保護の不正受給をする人のほうを徹底的に叩くのです。

生活保護で年間100万円ほどごまかした人より、たとえば親の財産相続で10億円脱税して贅沢三昧をしている人のほうが、1000倍国に損をさせているのですがまったく叩かれません。まさに、日本は金持ち天国と言えるのでしょう。

このようなことだから、金があればどうとでもなるということで、さらに拝金主義の風潮が社会に蔓延していきます。

本来、身体を壊して働けず、満足な年金がもらえなかったり、母子家庭になって生活保護を受給したりせざるを得ない人がいたら、そういう人に対してどういうセーフティーネットがあるのかその情報を提供したり、もし、満足な支援を受けられず生活に困るようであれば、それを社会問題として提起するのがメディアの役目のはずです。

しかしそのようなことをしても、富裕層の既得権を制限したり、彼らの負担を増やすことに行き着いたりするだけですから、なかなか放送されません。それよりも、困窮した弱者を、「お前がダメだからだ。お前のせいでみんな迷惑だ」と叩いたほうが、いまの社会の勝ち組であるメディアの人間の立場を守ることにもつながります。

私たちもそろそろ、このメディアのからくりに気づき、不当な自己責任論の洗脳から覚めなければなりません。そうしなければ、いつまでたっても弱者は食い物にされるだけです。

メディアを疑い、これまで税金を払ってきた当然の権利として、国の支援を要請するべきです。国に頼ることを申し訳なく思ったりする必要はないのです。自己責任という言葉にだまされてはいけません。

第４章

100歳まで生き抜くための健康戦略

私たちに必要な身体の老い支度、心の老い支度

人生100年時代は、健康格差が大きく広がる社会になると第1章で述べました。80代の高齢者でも、いまだに50mを10秒くらいで走れる人がいたり、ゆっくりしか歩けない人、杖がないと歩行できない人、車いすや寝たきりの人もいます。

知的活動においても、認知症が進んで日常生活にも支障をきたす高齢者もいるし、同年代でもいまだに研究者や作家として高度な知的活動が可能な人もいます。

このように歳を取れば取るほど若いとき以上に、身体能力、健康状態の個人差が大きくなってくるのです。人生100年時代を迎えるにあたって、まずこのことを理解してほしいのです。

よく高齢者にあることなのですが、突出して元気な人、身体能力を維持している

同年代の高齢者と自分を比較して、自分が劣っていると落胆してしまう人がいます。「あの人はあんなに元気なのに、それに引きかえ自分は……」などと、つい思ってしまうかもしれませんが、自分と比較しているその相手は、突出して若々しい人である場合が多いのです。そのようなずば抜けた人と自分を比較していても、みじめな気持ちになるだけです。

まずは同年代で、どのくらいが平均なのかを冷静に考え、その平均レベルを目指して健康維持を心がけるべきです。

また、そもそも若いときは、とてつもなく足の速い同級生や、ずば抜けて頭のいい同級生は憧れの対象ではあっても、自分と比較してがっかりするような対象ではなかったと思います。

それが若々しさや健康状態のこととなると、がんばれば自分も上位レベルになれるとつい考えてしまうのもおかしなところです。

平均レベルを意識して、そこでよしとしないと、いつまでも老いを受け入れられず、自分を必要以上に苦しめることになります。

そのためにもまずは、平均的な老化の過程、程度を知っておくべきです。これからの人生、何歳になるとどのようなことが自分の身に起こるのか、いまから知っておけば慌てることも、むやみに落胆することもないでしょう。

『年代別　医学的に正しい生き方』（講談社）という本で私が書いたことを、簡単にご紹介しましょう。

【40代】

まず、40代になると前頭葉の萎縮がはっきりし出して、意欲や創造性、感情のコントロール機能が衰え出します。

人生においても、仕事においてもそれなりの経験を積んできて、「こうあるべきだ」、「こういうものだ」という自分の考えに執着する傾向が次第に出てきますが、もしかするとそれは、前頭葉の萎縮からもたらされているのかもしれません。最近、頑固になってきていないか、思い込みが激しくなってきていないか、客観的に自分を見ることが必要でしょう。

老眼などもこの年代から始まります。最近の中年の方々は驚異的に若返ってきましたが、目の衰えだけは、昔もいまもあまり変わらないようです。老眼は、自身の老いについて考える入口になると言えるでしょう。

［50代］

50代になるとさらに前頭葉の萎縮が進み、仕事にやる気が出なかったり、逆に人の話を聞かず暴君のように振る舞う傾向が強くなる人もいます。このような生活を続けるかぎり、前頭葉は刺激されませんので、さらに前頭葉の機能低下に拍車がかかっていきます。

神経伝達物質のセロトニンの分泌量は40代から減少し始めますが、その傾向が50代ではさらに進行します。セロトニンが減少すると、うつ病などのリスクが高まります。厚生労働省の平成28年の統計ですが、自殺は50～54歳男女の死因の3位、55～59歳男女の死因の4位と上位を占めています。

身体的な問題では、30代から不摂生をしてきた人などに、心筋梗塞や糖尿病を患う人も出てきます。しかしこの年代は、自殺が多く虚血性心疾患の少ないわが国では、総じて身体的な問題よりも精神的な健康に注意が必要だと思います。

［60代］

60代では前頭葉の萎縮とセロトニン減少がさらに進みます。感情のコントロールがより難しくなり、定年退職や親の介護、死などによって、精神症状を崩すリスクがさらに高まります。男性の場合は男性ホルモンも減ってきているので、意欲低下が目立つのですが、定年後の意欲低下はまさに濡れ落ち葉状態に直結します。

生活習慣病や動脈硬化の疾患、がんが増えてきます。末期のがんのような大病を患い、手術を受けずに最期まで生活の質を維持するか、生活の質が落ちても手術を受けて1日でも長く生きることを取るか、人生の大きな決断を迫られるようなことも出てきます。いざそのときになって慌てないように、以前から自分なりに考えておくことも必要なのでしょう。

女性の場合は骨粗しょう症の人も増えてきます。

【70代】

70代には、これまで身体を動かしてきた人と、そうしてこなかった人との差がはっきりしてきます。骨折などをきっかけに、これまでの日常生活になかなか復帰できないことも起こってきます。

男性は前頭葉の萎縮と本格的な男性ホルモンの減少で、行動意欲がさらに低下し、身体を動かすことがおっくうになってきます。ここで活動的になれるかどうかで、80代以降の要介護になる時期を遅らせられるかが決まってくるとも言えます。

女性は女性ホルモンの減少によって、骨粗しょう症の人がさらに増えてきます。認知症の有病率が８％、要介護比率は９～10％になります。がんも増加し、なんらかの持病を持つ人が増加します。

【80代】

80代では認知症が急増し、ほとんどの人の脳に、アルツハイマー型の変化や小さな脳梗塞がみられるようになります。30％以上が認知症となり、約半数の人が自立困難な状態となります。

多くの人が、老いを受け入れていく時期です。これまで自立することが当たり前で、誰かに助けてもらうことに抵抗があった人も、介護サービスなども含め、頼るべきことは素直に頼るように意識を転換していく時期でしょう。

【90代】

90代に至ると、認知症の有病率が70％となり、認知症であることがもはや普通になります。ほとんどの人が身体のどこかにがんを持ちながら、死因のトップは心疾患（主に心不全）になります。要介護比率は70％以上となり、自立できている人は本当にラッキーな人と言えるような状況になります。

以上が各年代の私たちの心身に起こることになります。簡単にまとめましたが、今後の人生で自分にどのようなことが起こるのか、ある程度はイメージできると思います。

こういったことを事前に意識していれば、将来、過度に慌てることもなくてすみます。平均レベルを目指して、自身の老後生活を受け入れていくことが大切だと私は考えます。

老化を防ぐ生活～前頭葉を活性化させる方法

老化を遅らせていつまでも若々しくいるためには、まず、「意欲」の低下を防ぐことです。適度な運動が身体の老化を遅らせるとわかってはいても、意欲がわかないと何もする気が起きず、家にこもりがちになってしまう高齢者が多くいます。すると結果的に、外出もしないので足腰が弱っていきます。

また、意欲が低下すると、新しいことを始めたり、他の誰かと交流したりすることもおっくうになってきて、知的活動にも興味がわかなくなります。そうすると身体だけではなく、脳機能も衰えていってしまうのです。

人は大病をして一気に老け込むということもありますが、そうではなく加齢によって老いていく場合は、意欲の減退がきっかけとなって一気に老いていく場合が多いのです。だからこそ、老け込むスピードを遅らせ、運動機能や脳機能を若々しく保つためには、意欲を維持することが大切です。

人間の意欲には、前頭葉と男性ホルモンの2つが大きく作用しています。

前頭葉とは、大脳の前方部分のことで、意欲や思考、創造などにかかわっている部分です。想定外の状況に対処したり、それに対する適切な判断や行動を選択する能力にかかわっています。

前頭葉の機能が低下すると、イレギュラーな状況に対応できず、頑固な傾向が強くなって、柔軟な思考ができなくなっていきます。

前頭葉は、40代から萎縮が画像診断で目に見えるようになり始めますが、これは脳の組織を構成する神経細胞が死んで脱落していくからです。

40代から始まる前頭葉の萎縮は、60代、70代になると本格的に進んでいきます。そうすると、相手の気持ちを推し量ったり、共感したり、感動したりといった細やかな感情の動きが低下していきます。

ある意味、感情が平板化し、外の世界に対しても無関心になります。「何もやる気が起きない」、「何をしても楽しくない」といった気持ちになりがちで、元気のない老人になってしまうのです。こうなると、外に出たり、動いたりしなくなるので、身体は弱り、前頭葉の機能もさらに低下します。するとまた意欲が落ちて、さらに元気がなくなっていくという負のスパイラルに陥ってしまうのです。

それではどうすれば、前頭葉の萎縮を遅らせて、ひいては意欲の低下を防ぐことができるのでしょうか。

前頭葉は、不測の事態に対処するときに活性化します。ルーティンのような日常を繰り返していると、すぐに衰えてしまいます。小さなことでもいいので、変化のない日常を改善するべきです。たとえば、行きつけのお店はやめて、毎日、違うお店で昼食をとってみるのもいいでしょう。

読書が好きなのであれば、お気に入りの著者、好きなテーマの本ばかりを読まない。保守的な本ばかり読んでいる人なら、たまにはまったく逆の左翼的な本も読んでみる。そういう見方があったのか、そういう立場もあるのか、と別の角度からものごとを考えることが前頭葉を活性化させます。

仕事関係の人間関係だけではなく、学生時代の仲間、趣味の仲間など、１つの関係性に凝り固まるのではなく、いくつものコミュニティにかかわり続けることも日常に変化をもたらします。

新聞の論調や、テレビコメンテーターの解説なども、ただ読んだり、見たりするのではなく、常に、「自分だったらどう考えるか」、「別の見方もあるのではないか」と意識しながら過ごすことです。多様な考え方を受け入れたり、柔軟な思考をするということは、意識していればある程度は維持することが可能だと思います。

自分の生活がルーティン化していないか、変化のほとんどない日常を過ごしていないか、定期的に自分でチェックをしてみることです。そうして、意識的に変化や刺激を取り入れていくことが前頭葉の衰えを防ぎ、老化を遅らせて若々しく過ごすためのポイントになってきます。

老化を防ぐ生活～男性ホルモンを活性化させる方法

「意欲」の減退を防ぐには、前頭葉の機能維持の他に、もうひとつ、男性ホルモンを活性化させることも有効です。

女性は加齢とともに男性ホルモンが自然に増えてきますので問題ありませんが、男性の場合は年齢とともに減ってきますので、その維持を心がける必要があります。

男性ホルモンにはいくつか種類がありますが、テストステロンが意欲に大きく関係しています。テストステロンは性機能の面にも関係していますが、攻撃性や好奇心、人への興味、集中力や判断力といった精神面に深くかかわっています。

そのためテストステロンが低下してくると、他者や社会への関心や、何かをしようという意欲も薄れ、活動レベルが低下していくのです。

これが、日本に多い「元気のない老人」の典型例と言うことができます。

男性ホルモンを保つために私たちができる対策は、基本的には食生活の改善です。男性ホルモンの原料となるのはコレステロールであるため、中高年になってからも積極的に肉食を取り入れることが、男性ホルモンの維持につながります。

これまで長らく日本では、コレステロールが身体に悪いとされて、下げるよう医師は中高年に指導をしてきました。しかし、コレステロールを下げる薬の服用によって、EDになることが珍しくありません。

食事制限をして、肉の摂取を控えてコレステロール値を下げたとしても、男性ホルモンが抑えられて、老け込んだ老人をつくるだけなのです。また、薬物によって、コレステロール値を一定以下にすると、死亡率が上昇するというデータも明らかになっています。

コレステロールを抑え、心筋梗塞のリスクを減らすと日本の医師は言いますが、日本では心筋梗塞で亡くなる人は欧米に比べて少ないので、生活の質を考えても、コレステロールを抑制などしないほうが賢明でしょう。

日本人の食生活が欧米化してきたと言われていますが、いまでもアメリカ人が1日に300グラムの肉を食べるところ、日本人は80グラムしか食べていません。それが高齢者であれば、食べている量はもっと少ないでしょう。

これでは男性ホルモンのレベルが落ちて、加齢とともにどんどん元気を失ってしまいます。肉食で少々太り気味の人のほうが、実は長生きであるという研究結果も最近では出されています。

肉やコレステロールを悪玉と考えず、積極的に摂っていくことがこれからの高齢者には必要なのです。

日本社会がつくる「元気のない老人」

老化のカギを握る男性ホルモンを維持しようと考えても、日本社会の状況は、男性ホルモンを活性化させるには絶望的な状況と言えます。

前述の通り、主に循環器内科の医師ですが、長生きのためと称して、「肉を食べるな」、「コレステロールを下げなさい」といまだに中高年に指導していますが、まったく愚かなことです。

多少血管が老化したとしても、心臓であれば、ステントやバルーンの技術で対応が可能です。しかし、肉を減らしてしまうと、脳の中のセロトニンが減ってしまうし、免疫機能も落ちてしまいます。男性ホルモンの低下にもつながり、実際、メバチロンというコレステロールを下げる薬を服用した人で、ＥＤになる人が多く出て最近話題になっています。

このような医師たちの間違った指導によって、日本人の男性ホルモンレベルは低くなってしまっており、高齢になるとさらにその傾向は顕著です。こういう事情があいまってか、日本は世界でトップクラスのセックスレスが多い国という数字が出ています。

また、日本では高齢者が異性関係に積極的であると、「年甲斐もなく」と批判しますが、欧米ではそのような批判は、まず見受けられません。いくつになっても異性にモテたいと思っていることは普通だし、むしろセクシーであることのほうが、望ましいと受け取られることもあります。

海外、特にモナコなどに行くと、フェラーリやポルシェで乗り付けて、着飾って降りてくるのはみんな高齢者です。いくつになってもモテたいと思っている人のほうが、明らかに若々しいものです。

欧米人は日本人に比べて平均寿命も短いですが、それは彼らが寝たきりに対する治療を基本的にほぼ行わないからです。心筋梗塞などの心疾患が死因のトップになりますが、もし彼らが定期的に心臓ドックを受診して、早期の治療を心がければ、それだけで平均寿命はかなり延びると思います。

欧米人は中年になると、日本人よりも太ったり、シワができたり、血管が老化したりしますが、歳を取ってからも、若いときと同じような生活をより長く保つことができています。

彼らの肉を中心とした食生活や、ホルモンレベルの高さなどを背景とした「意欲」が衰えないところに、その理由があるのかもしれません。

自分が生涯で払う税金を計算してみる

日本でもいま、憲法改正について議論されることが多くなってきました。そもそも、法律とは私たち国民を規制し、そのルールを破ったものに罰則を規定するものですが、憲法とは国民の権利を保障するためにあるものです。

確かに、子どもに教育を受けさせる義務、勤労の義務、納税の義務といった３つの義務はありますが、国民を縛るためというよりは、本来、その権利を保障するためにあるのが憲法なのです。

憲法改正とは、国民がより自分の権利を獲得するために働きかけ、なされるのが普通の国の事例です。その意味では、日本の現政権が、国民の権利を抑制し、国の権限を強くしようという方向に憲法を改正しようというのは、逆の憲法改正の動きとも言えるのでしょう。

憲法改正論者は、現在の日本国憲法はアメリカに押し付けられたもので、それを70年以上も変えないのはおかしいと主張しますが、そもそもアメリカに押し付けられているから70年以上も改正していないのではありません。

日本国民が、「もっとこういった権利をよこせ」と言わなかったから、これまで改正がなされていないというだけの話です。

つまり、日本人というのは、自身の権利に対する意識が乏しく、それを声高に要求しないようなところがあるのです。このような国民性は、これから人生１００年時代になるにあたっては、高齢者にとってはマイナスのことだと私は思います。

もっともっと自分の権利について敏感にならなければ、これからの時代は強者、つまりお金持ちや国に、いいように扱われてしまいかねない危険性があるからです。

第2章でも述べましたが、日本企業の終身雇用や年功序列が否定され始めたころも、そのあおりを食って窓際に追いやられた中高年社員たちは、その扱いに不満をぶちまけることもなく、唯々諾々とその境遇に甘んじていました。

彼らも若いときは安い給料で、メチャクチャにこき使われていたはずです。それでも我慢して勤めていたのは、年齢を重ねれば次第に給料も上がるし、管理職になって仕事も楽になると思っていたからです。

ある意味、若いときに働いた分を会社に貸していて、歳を取ってから返してもらうというのが終身雇用、年功序列制度なのです。それなのにやっと中高年になってみたら、会社からクビを切られるようであれば、会社がこれまでの約束を反故《ほご》にして、借りた金を踏み倒すのと一緒です。

「若いときに貢献した分を返せ」と、会社に自分の権利を要求してもいいのですが、そのようなことをする人はほとんどいませんでした。

これまで何度も触れましたが、生活保護についても同様です。うつになって働けなくなって困っている、離婚して母子家庭になって困っている、年金だけでは暮らせずに困っている、そんな人たちでも、生活保護を受給することに罪悪感や、遠慮を感じている人が多くいます。

憲法で保障されている最低限度の生活をする権利は、私たちにはみなあるのです。

その自分の権利を理解し、それを主張することは当たり前のことであるとマインドセットを変える必要があります。

私はこれからは、自分がこれまでどれだけの税金を払ってきたか、誰もが一度、計算するべきだと思っています。

サラリーマンだったら、生涯を通じて計算すれば、毎年平均１００万円以上は払っているでしょう。それに消費税を５％としても、年間２００万円の消費でも10万円かかります。

22歳から65歳まで会社勤めをしたとして、毎年１５０万円の税金を43年間払ったとすれば、生涯で６４５０万円を払ったことになります。毎年年金を２００万円ももらったとしても、30年以上もらう資格はあるのです。これまで払ってきた年金のお金も足せば、もっともらっていい計算です。

もちろんこれ以外に、学校教育やそのほかのサービスなど、国に負担してもらっているものもありますが、それを含めたとしても、ほとんどの人が出した分を、返してはもらっていないはずです。

これからの時代は、自分がこれまで払った税金をすべて返してもらおうと意識するべきです。40年以上も払い続けているわけですから、利回りのことも考慮すれば、もし税金を1円も払わずにいたら、運用益も含めると6000万円以上のかなりの金額が自由にできているはずです。

しかし実際は、税金を払ったおかげで、そんな贅沢はできないのです。いったい私たちの払ったお金は、どこに行ってしまったのでしょうか。

その一方で、代々政治家をやっていて、他の収入のないはずの専業政治家が、とても富裕な生活をしています。

こういったことを疑問に思う感性が、これからは大事ではないでしょうか。私たちはこんなにも税金を払っている、そのことにあらためて気づくことから、私たちの権利についての感度を高めていかなければ、高齢者になってからの社会からの扱いは、どんどん悪化していってしまうと私は考えます。

多面的にものごとをみる

人間というものはすべての人に、長所も短所もあるものです。無意識に人はひとつの視点で判断しがちですが、実は誰もが白と黒で割り切れない複雑な存在です。頭脳明晰なノーベル賞を受賞する学者や、高潔と言われる宗教者だって、必ずどこかに欠点や短所があります。

起業家として成功している人も、たまたま長所としている部分がお金を稼ぐことに結びついているだけであって、短所や欠点は必ずあります。実際、お金があり余るほどあるのに、ろくに寄付もせず、貧しい人たちが自殺していくなかで贅沢な暮らしを続けられるとしたら、金正恩なみの人間性という欠点があるわけです。

社会的に成功している人をうらやむ人のなかには、自分には能力がないと思う人もいますが、そのような人にも必ず長所はあります。ただ、その長所が、金儲けに結びついたり、現時点で世の中に影響を与えるような商品価値がないというだけなのです。

成功している人が、とても能力のある人間なのではなく、たまたまいまの社会で商品価値の高い部分が、長所であったという、それだけのことだと私は考えています。

これからは、どんなものにも必ず長所と短所があるという価値観を持ち合わせていることが、人生100年時代を生きていくカギだと私は思います。

人生100年時代では、ほとんどの人が認知症にかかることになります。物忘れなど記憶力が次第に低下し、知的活動もどんどんできなくなってきます。肉親の顔も忘れてしまうこともあります。

しかし、そのような能力がどんどん失われていくなかで、その人が別の人になってしまったり、ましてや人間でなくなってしまうわけではありません。

機能が失われたというマイナス面ばかりにこだわって、一面的にみてしまうと、介護している家族にとっては、「この人はダメになってしまった」、「別人になってしまった」と悲しくなったり、相手に対して苛立ったりする気持ちが湧いてくるかもしれません。

社会的にも、認知症患者をそのようにマイナス面だけでみなすようだと、「かわいそうだ」、「社会のお荷物だ」などと、過度に認知症という病気を恐れたり、差別したりするような危険性が生まれると思います。

そもそも、どんなに機能が失われつつあったとしても、これまで接していた人がいなくなるわけでもなく、マイナス面も含めたすべてがその人の存在なのです。

マイナスの部分ばかりに着目するのではなく、複眼的にその人をみるべきです。そうすると、いくつかの機能が失われてはいきますが、いまだに残存している機能があることに気づくはずです。

話してみると、まだ、会話が少しできる、人間的な優しさを感じることがある、少しは自分で歩ける……そういったプラスの部分に着目するべきなのです。そうしないと、認知症患者の尊厳がないがしろにされかねない、そんな危険性を私は感じます。

歳を取るということは、できないこと、欠点が増えていくことかもしれませんが、若いころに気づかなかった知恵や優しさが新たに身につくかもしれません。そういうものを評価することが大事なのです。

マイナスの面ばかりをみるのではなく、それと併存するプラス面を意識するべきです。

人生100年時代を、「いつまでも働き続ける」とか、「生産性を保つ」といった一面的な価値観だけで生きていくのであれば、最後は挫折感しかない人生になってしまうと私は考えます。もっと多面的に人生をみるべき必要に、私たちは迫られているのです。

自分の体験を語る能力を持つ

　これからはいままで以上に、高齢になっても企業や組織に身を置いて活動する人が増えていくことでしょう。そういったとき高齢者に求められる能力は、「聞く力」であり、また、自分の「体験を語る力」だと私は思います。

　失敗学を提唱する畑村洋太郎先生は著書『失敗学のすすめ』の中で、企業は「本当の相談役」をつくるべきだと書かれています。いま、相談役と言えば、役員を退いた人が就く、会社から離れる前の最後のポストという意味合いがほとんどでしょう。元役員に会社がなんらかの給料を払うためにあるポストとも言えます。

　そのような位置づけではなく、社員が困ったときに、本当に相談にのってくれる相談役を置くべきだと畑村先生は言うのです。それも、定年退職した人をそのポストにあてるべきだと言います。

彼らは定年を迎えて社内の利害関係とは無縁ですし、それでいて会社の事情もよくわかっているので適任なのです。

社員の相談をじっくり聞き、そして自分のこれまでの経験と照らし合わせて的確なアドバイスをする。解決策を提示するだけではなく、ときには相手の愚痴を聞いて、「そんなことは大丈夫」となだめたり、安心させたりする役割です。

こういう相談役がいれば、社員のメンタルヘルスにもいいですし、会社の生産性にも貢献するはずです。

かつて日本のお年寄りが社会の中で大切にされ、尊敬されていたのは、そういった「聞く力」があったからではないでしょうか。頭ごなしに自分の考えを押し付けるのではなく、年少者の相談をじっくり聞いてやる包容力も必要なのでしょう。

またそうやって相手の話を聞いて、これまでの自分の経験からアドバイスをするから、相手もその発言に説得力を感じるのだと思います。

今後、組織の中で高齢者が自分の存在を際立たせるためには、このような能力が必要になってくるのでしょう。実際に、高齢者にはそれだけ経験から語れることがあるはずなのです。

戦争体験についても、いまではそれを語れる人も少なくなってきました。安倍首相をはじめ、現政権は軍備を増強し、自衛隊が戦闘に参加できるよう法整備を進めていますが、それを推進する人たちは先の大戦の経験者ではありません。

もし実際に戦争を経験した世代の政治家が、「日本も戦争をできる国にしなければならない」と言うのであれば一定の説得力もありますが、そうした戦争経験者のほとんどは、「戦争はもうごめんだ」、「集団的自衛権には反対だ」と言います。

私も戦争経験者ではありませんし、その悲惨さも実際に知りませんが、どちらの意見に説得力を感じるかと言われれば後者になります。

それほど、人生を通じた体験から生まれる知恵、意見には価値があるのです。高齢者の人も、その部分を自分の強みにしてどんどん発信していくべきでしょう。

ただそのときに、「うまいことを言おう」、「格好のいいことを言おう」などと考えて、どこかで聞いたような知識を受け売りで話さないことです。高齢者に求められているのは「知識」ではなく、知識や経験から考え出された「知恵」なのです。

日本人は歳を取るほど、「知らない」ということを恥に感じる傾向があります。この歳になって、こんなことも知らないのは恥ずかしいのではないかと思うと、どこかで聞いたような知識をひけらかすようになるのです。

しかし、知らないと恥をかくレベルの知識や、誰もが知っていることを話したとしても、聞き手の心には響かないし、面白いとも思ってくれないでしょう。

高齢者こそ、「知らないと恥をかく」といった意識は思い切って捨て去って、自分の経験をベースに、自分なりの考え方を発信することで今後、存在感は高まっていくことでしょう。また、それだけの発信する価値のある経験をみな、持っていると私は思います。

「もの知りな人」より、「面白い人」になる戦略

日本では、もの知りな人が、賢い人とみなされる傾向が強いものです。クイズ番組を見ていても、高学歴な芸人やタレントが、ただ知っているというだけの知識を披露して、「すごい！」、「頭がいい！」と視聴者に評価されています。

これはよく考えると、おかしなことです。知っている人は読書などをしたからであって、知らない人はそれをしていないからという、ただそれだけの話です。

このような価値観があるのは、前述もしましたが、日本の初等、中等教育のみならず、大学などの高等教育においても、知識詰め込み型の教育をしてきた影響です。

知識を習得することに集中し、基礎学力を身につけることに特化した日本の小学校、中学校、高等学校の教育は、けっして悪いものではありません。実際、世界か

ら高い評価を受けて、イギリスやアメリカが教育改革をする際や、東南アジアの国々が教育制度をつくる際のモデルにされてきました。高校までの日本の生徒の学力も、世界のなかでトップレベルでした。

しかし、大学に行くと、世界から大きく取り残されることになります。海外で、日本の大学教育を見習おうという国はありません。世界の優秀な学生は、日本の東大や京大ではなく、欧米のトップ大学を志望するのです。

本来、大学は、初等、中等教育で積み上げてきた基礎学力を基にして、応用学力を身につける場です。問題を発見し、推論、仮説を立て、実証するために試す。そういった自分の頭で考えることを、欧米の一流大学では求められます。

その一方で、日本の大学はいまだに、理論を教え込むような知識偏重の教育がなされているのが現状です。こんなことだから、日本の大学で研究を続ける人からは、ノーベル賞受賞者が出ないのです。ほとんどが海外の大学に留学した人か企業研究者ばかりです。

知識を伝授されるだけで、自分で思考することを求められない大学教育を経ることで、いまの日本社会は知識偏重の傾向が強くなっているのです。

しかしこれからは、知識のない人でも、ＩＴ技術を駆使すれば瞬時に情報を手に入れられるようになります。いまでも、スマホをいじれば、すぐに情報にアクセスできます。ただ知っているということで、優位性を保つことはもはや無理な時代になります。

そもそも知識とは、ひけらかすことに意味があるのではなく、加工することに意味があるのです。ただ知っていると威張ることは、バカでもできます。知っている知識を、どう加工して使うかで、その人の頭のよし悪しがわかるのです。

これからの高齢者も、若い人より知識がある、昔のことを知っているということをひけらかすだけでは、誰もついてきません。

その知識を独自に加工し、独特の解釈や見識に構成できる人、ユニークな視点を提示できる人などが、頭がいい人、面白い人とみなされて若い人もついて行くのではないでしょうか。

どこかで聞いたような知識を知ったふうに語っている高齢者では、いま以上に相手にされないことになります。知っている知識をどう加工するか、どうアウトプットできるかが大事な社会になっていくはずです。つまり、「もの知り」より「話の面白い人」を目指すべきなのです。

映画監督にみた高齢になっても働くヒント

映画監督には高齢でも、現役生活を続けている人がかなりいます。山田洋次監督もそうですし、クリント・イーストウッド監督も新作を意欲的に発表し続けています。二人ともすでに、80代後半になります。

これは映画監督という仕事が創作活動であり、日々、前頭葉を使っていることによるものと言うこともできます。ルーティンの生活に終始することなく、作品ごとに違った環境のなかで、創作活動をすることで前頭葉が鍛えられるのかもしれません。

少なくとも同年代の高齢者よりは、ユニークな視点、柔軟な考えができ、話題も豊富で、しゃべっていても面白いはずです。

昔でしたら映画監督という仕事も、より技術的な側面が強かったと思います。このシーンであれば、このレンズで、こういうカット割りで撮るということは経験を積んだ監督でなければ仕上がりを正確にイメージすることもできませんでした。

しかしいまではデジタルカメラが普及し、撮影しながら仕上がりをモニターでチェックできます。

昔はフィルム代が高価でしたので、1つのカメラで撮影していましたが、いまはデジタルですのでカメラ数台で撮影し、あとでどのカットを使うかも決めることができます。

すると映画監督に求められるのは、「何を描きたいか」という思いの部分に、より比重がかかってきていると言えます。

ご存じの方もいるかと思いますが、私もこれまでに4作品の映画を撮っています。2007年には監督、脚本を務めた『受験のシンデレラ』がモナコ国際映画祭でグランプリを受賞しました。

映画の世界に携わるようになって私もわかったのですが、みなさんが思う以上に、映画制作の現場は分業制が徹底されているということです。

撮影はカメラマンがしますし、セットなどは美術監督、音楽家が音楽をつくり、専門に編集する人もいます。演技は役者さんで、脚本も脚本家に頼むことがあります。つまり監督は、「こういう作品を描きたい」という思いや、着想が求められているのです。

これはドラえもんに、「こんな道具が欲しい」とねだるのび太と同じです。アップルの創業者・スティーブ・ジョブズに近いということもできます。「こういうものをつくれ」というジョブズの発案を、技術者たちが具現化することでアップル社の興隆は実現しました。

もしジョブズが生きていて、70代、80代になったときには、「こんなものが欲しい」と言って、すごい補聴器をつくったかもしれません。

映画監督という仕事もこれに近いものがあります。「これを描きたい」という思いさえあれば、車いすに乗っていようが、多少、老化が進んでいようが、仕事をし続けることができるのです。

ＡＩが普及してくれば、映画監督だけではなく、私たちの多くの仕事においても、「こんなものが欲しい」という思いの部分が重要になってくると思います。多少老化が進んできたとしても、ＡＩが身体的な衰えを補完してくれるはずです。

身体的な能力より、超高齢社会においては、高齢者のひとりである自分が欲しいものを提案できるという能力が、ビジネスにおいても重宝がられるはずです。

ＡＩはおそらく最大多数の最大幸福を求めるような設定になりますので、そこからもれるオタク的な少数者の感覚を汲むことは人間の分野であって、ＡＩがなかなか参入しづらいところだと考えられます。

その意味でも、高齢者の視点から、「こんなものが欲しい」という思いや、こだわりを表明することは、これからの時代において高齢になっても働き続けるヒントと言えるのではないでしょうか。

多少、老化が進んで身体が弱ったり、動かなかったりしても、前頭葉さえしっかりしていて、その「思い」と「こだわり」を提案できれば、それが高齢でも働き続けていける能力となるに違いありません。

幸せな老いとは何か

高齢者専門の精神科医として、私はこれまで多くの高齢者の方々と接してきましたが、そのなかには、私もこのように歳を取りたいと思わせるような魅力的な方もいました。

私が憧れたのは、常に病室に友人や家族、後輩たちがやってくるような、多くの人に慕われている方でした。どのような老後が幸せかは、人それぞれの価値観ですし、正解などないものです。

ただ、私はどのような老後を過ごすかは、人間関係がいちばん大事だと考えています。まわりに人が寄りつかず、心を許す相手もいない。誰からも信頼されず、慕われもしないというのでは寂しすぎる人生の晩年に思えてきます。

私が見てきたなかでは、若いうちに偉くなった人、それも上の人に媚びを売って偉くなった人は、晩年はみじめなものになることが多いと感じました。下の人をこき使い、上に取り入って偉くなっても、かわいがってくれた上の人は先に死んでしまいます。

自分が会社を離れ、施設にいるただの高齢者となってしまうと、いままでこき使われてきた下の人たちはもう見向きもしなくなります。偉そうにして相手にひどいことをしてきた人は、力がなくなったところで仕返しされたりもします。こんな老後は、みなさんも送りたくはないと思います。

一方で、現役時代から損得抜きで後輩の面倒を見てきた人、嘘をついたり、ずるいことをしてこなかった人は、会社を離れてからも友人、後輩が集まってきます。現役時代にどれだけ立派な肩書があったかということより、こういった人間関係が老後も築けることのほうが、とても幸せなことだと思うのです。

私の恩師に、土居健郎先生がいます。私がアメリカのカール・メニンガー精神医学校に行く際には、推薦状を書いていただき、帰国後もしばらく先生の精神分析を受けていたこともあり、たいへんお世話になった先生です。その著書『「甘え」の構造』は名著として世界各国で翻訳されており、２００９年、89歳でお亡くなりになるまで現役で活躍されました。

その土居先生が、ある時期から死期を悟ってのことなのか、「人間、死んでからだよ」と私に言うようになりました。

人間は死んでから真価がわかるということだと思いますが、だからこそ、いまの行いが大事だと言いたかったのかもしれません。

言われた当時の私には、まだ若いこともあってピンときませんでしたが、ようやく最近になってわかってきたような気がします。私も死んでから後ろ指を指されるのは嫌ですから、嘘はつかない、ずるいことはしない、正直に生きようと考えるようになってきました。

この世から去ったあとにどう評価されるかといった長いスパンで考えることは、私たちには難しいことかもしれません。しかし、会社を辞めた老後にどう評価されるかといったくらいのスパンであれば、考えることもできるのではないでしょうか。

いまさえよければいいと自分のことだけを考えて、まわりをかえりみない生き方をしていると、社会的地位を失った高齢者になってはじめて、その真価が問われることになってきます。そしてこれからは、その時期が非常に長いものとなっているのです。

現役時代から長い老後を見すえて生きることで、人生１００年時代の人間関係も豊かなものになるのではないでしょうか。

老親をもつ子の対策

１００歳近くまで生きる老親を持つ子どもとしては、どのような対策が今後、必要になってくるのか考えてみましょう。

まず私が言いたいのは、これからの時代は、みなが認知症になるという前提をあらためて理解するべきだということです。それをわかっていないので、90歳になった親がボケはじめたというだけで、慌ててしまうのです。

これはある意味、当たり前のことであって、90歳まで生きた人の当然の成り行きなのです。そこのところを理解しないと、「なぜできないんだ」とボケはじめた親に腹を立てたり、必要以上に悲嘆にくれることになるのです。

みんな最後はボケるということを、いまから覚悟しておくことは非常に重要です。

また、介護については、親族の誰かに押し付ける傾向がいまだにあり、兄弟など他の親族が見て見ぬふりをすることは非常に問題です。

こういった問題を解決するためにも、介護者相続の制度を整備するべきだと私は思います。これまでも述べた通り、私は相続税１００％論者ですが、介護をしたものには相続税は50％として、半分の資産を相続してもいいのではないかと思います。

そのかわり介護をしなかった子どもは相続税１００％で、相続できる資産はナシです。それくらいのことをしないと、親族のなかで割を食った人が、ずっと負担を抱え込むことになってしまいます。

ただ最近では、妻の発言権が強くなってきたこともあり、お嫁さんに義理の両親の介護を押し付けるケースは減ってきたように思います。都会であれば、夫の親も、夫が面倒を見るケースが多いようで、「やらされている介護」は減ってきているのかもしれません。

日本の社会保障費を十分なものにし、景気回復を促す意味でも、相続税１００％論を私は提唱していますが、もしかすると私の生きている間には実現しないかもしれません。しかし、100年後、200年後には、必ず実現すると私は信じています。

かつて日本も200年前は封建時代でしたが、いまではその時代を振り返って、「農民の家に生まれたら、一生農民の身分でなければならないなんて、なんてひどい時代なんだ」と私たちは言います。

それと同じように、100年後、200年後には、相続税100%が当たり前のこととなっていて、「あのころは金持ちの子どもは、資産をそのまま相続できて何もしないのに金持ちになれたんだよ。ひどい時代だね」と、振り返ることになると私は思っています。

世の中とはそういうふうにこれまでも進化してきたし、これからも進化していくものだと私は確信しています。

詩想社新書

詩想社新書発刊に際して

詩想社は平成二十六年二月、「共感」を経営理念に据え創業しました。なぜ人は生きるのかを考えるとき、その答えは千差万別ですが、私たちはその問いに対し、「たった一人の人間が、別の誰かと共感するためである」と考えています。

人は一人であるからこそ、実は一人ではない。そこに深い共感が生まれる――これは、作家・国木田独歩の作品に通底する主題であり、作者の信条でもあります。

私たちも、そのような根源的な部分から発せられる深い共感を求めて出版活動をしてまいります。独歩の短編作品題名から、小社社名を詩想社としたのもそのような思いからです。

くしくもこの時代に生まれ、ともに生きる人々の共感を形づくっていくことを目指して、詩想社新書をここに創刊します。

平成二十六年

詩想社

和田秀樹（わだ　ひでき）

1960年大阪府生まれ。東京大学医学部卒。精神科医。東京大学医学部附属病院精神神経科助手、米国カール・メニンガー精神医学学校国際フェローを経て、現在、和田秀樹こころと体のクリニック院長、国際医療福祉大学大学院教授、川崎幸病院精神科顧問。高齢者専門の精神科医として、30年以上にわたり、高齢者医療の現場に携わっている。主な著書に『自分が高齢になるということ』（新講社）、『年代別 医学的に正しい生き方』（講談社）、『「高齢者差別」この愚かな社会』（詩想社）などがある。

詩想社
— 新書 —

27

「人生100年」
老年格差

2019年４月17日　第１刷発行
2022年２月１日　第３刷発行

著　　者　和田秀樹
発 行 人　金田一一美
発 行 所　株式会社 詩想社
〒151-0073　東京都渋谷区笹塚1—57—5 松吉ビル302
TEL.03-3299-7820　FAX.03-3299-7825
E-mail info@shisosha.com

D　T　P　株式会社 キャップス
印 刷 所　株式会社 恵友社
製 本 所　株式会社 川島製本所

ISBN978-4-908170-20-1

詩想社新書

17

プロ野球　奇人変人列伝

野村克也

ノムラが見た球史に輝く強烈キャラクター52人を選出！　球場の医務室で出番まで寝ている選手、財布を持ち歩かないドケチ選手、マウンドから監督を怒鳴りつける投手、ケンカ野球の申し子…あの名選手たちの超ド級の変人伝説を大公開！

定価９６８円（税込）

35

70歳が老化の分かれ道

和田秀樹

大反響、15万部突破のベストセラー！　70歳は人生の分かれ道。現代の70代は格段に若々しくなったが、特有の脆弱さもあわせもっている。どのような生活、医療とのかかわり方をすれば若さを持続できるのか、老年医学の専門家が説く。

定価１１００円（税込）

36

施設に入らず「自宅」を終《つい》の住処《すみか》にする方法

田中聡

建築士として介護施設を設計し、また、その施設長も務めた著者は、幸せな「最期の場所」は自宅しかないと説く。戸建てからマンションまで、自宅を終の住処にする方法と、介護施設の裏事情とともに、よい施設の見分け方も説く。

定価１１００円（税込）

37

「墓じまい」で心の荷を下ろす

島田裕巳

高度成長期に「増えすぎた墓」を世話する墓守の不足が急速に進んでいる。墓じまいの実際とともに、日本人にとっての墓の歴史、先祖供養のあり方、死生観の変化などにふれながら、墓に執着する私たちの心と、これからの墓のあり方を考察する。

定価１１００円（税込）